U0128239

翻轉性別教育

Flipped Gender Education

周祝瑛 著

蔡晨雨 總校訂

巨流圖書公司印行

翻轉性別教育

國家圖書館出版品預行編目（CIP）資料

翻轉性別教育／周祝瑛著. -- 初版. -- 高雄市：巨
流，2018.02
面；　公分

ISBN 978-957-732-563-1（平裝）

1. 性別教育

544.7   106023085

著　　　者	周祝瑛
總 校 訂	蔡晨雨
責 任 編 輯	張如芷
封面 / 版型	謝欣恬
內 頁 插 圖	陳膺宇、陳郁佳、黃子瑮
發 行 人	楊曉華
總 編 輯	蔡國彬

出　　　版　巨流圖書股份有限公司
　　　　　　802019 高雄市苓雅區五福一路57號2樓之2
　　　　　　電話：07-2265267
　　　　　　傳真：07-2264697
　　　　　　e-mail：chuliu@liwen.com.tw
　　　　　　網址：http://www.liwen.com.tw

編 輯 部　100003 臺北市中正區重慶南路一段57號10樓之12
　　　　　　電話：02-29222396
　　　　　　傳真：02-29220464

劃 撥 帳 號　01002323 巨流圖書股份有限公司
購 書 專 線　07-2265267 轉236

法 律 顧 問　林廷隆律師
　　　　　　電話：02-29658212

出版登記證　局版台業字第1045號

ISBN／978-957-732-563-1（平裝）
初版一刷・2018年2月
初版三刷・2022年3月

定價：330元

謝 詞

　　本書撰寫靈感源自於政大「性別教育你我他」課程。全書許多故事改寫自真人實事，期望為書中的主角們，留下歷史見證，並提供性別教育參考。

　　作者首先要感謝幕後功臣蔡晨雨女士。其次，曾玉娟與葉俊士兩位老師，透過他們第一線的教學經驗，協助改寫書中議題與案例故事。董伊麗女士對全書增補與修訂做把關。前交大教授陳膺宇，在政大‧交大模擬約會活動中的無限創意，藉著「政在交往‧花博模擬約會」活動，翻轉「約會」，也順利完成「告白」。

周祝瑛
謹誌於 指南山城
2017年11月

翻轉性別教育

目
錄

翻
轉
性
別
教
育

導　讀

　　近二十年來，筆者在大學講授「性別教育你我他」課程，每年都會遇到各式各樣的性別議題與困擾：有的因交友不慎感情受騙；有的因同志「出櫃」後遇到同儕壓力；有大學學長、學妹瞞著家人同居；有的在童年時遭到性侵陰影猶存。其中也有不少同學因「模擬約會」慕名而來。

　　尤其，隨著網絡科技的興起與普遍，越來越多的同學習慣在課堂上使用3C產品，過去習以為常的教學內容與方法，越來越受挑戰。無論是面對一百二十人的大班，或是二、三十人的小組討論，對於授課教師而言，如何讓性別議題融入學生的經驗，引起共鳴與感動，進而願意主動參與學習過程，已成為越來越大的挑戰。

　　由於筆者始終堅持不讓這門性別教育的通識課程，淪為營養學分，因此常常花心思、想辦法，如何透過師生的共同投入、討論與觀察周遭的性別議題，將它當作是一門探討自我與他人的奇妙性別之旅！於是三、四年前，筆者為了因應網路推進的步伐，調整了上述課程教學的形式，並先後引進翻轉教室、問題導向學習（problem-based learning）和個案導

向學習（project-based learning）等方法，嘗試改變過去上課「教師講述（甚至放許多PPT教材）、學生聽講（只聽不問）」的被動方式，透過許多與性別有關的故事，以及閱讀、分享與討論等形式，並進行分組教學，讓每個人各司其職（如：組長主持、副組長記錄、成員口頭報告或表演等分工）。幾學期下來，每次上課，學生都很忙碌地討論、分組報告，過程中教師不斷提出問題加以挑戰，最後提出講解與評論。於是許多學生在各組同儕壓力與無形的比較中，從原本被動聽講，轉為主動參與，每個人都有展示與發表的舞臺。對任課教師而言，這也是一個十分有趣與有成就感的學習歷程。有鑑於此，筆者決定撰寫這本《翻轉性別教育》，分享經驗與心得。

在一開始的教學大綱中，筆者這樣寫著：

本課程試圖透過師生互動過程之討論與思辨，檢視目前社會上性別平等教育的相關議題，包括：兩性生、心理發展，性別角色社會化歷程、同性的理解、家庭學校職場、性及異性之相處，進而建立性別平權的觀念與規範。在教學目標方面側重於以下幾點：

1. 培養學生檢視個人性別經驗的敏感度與關係。

2. 加強學生剖析社會性別議題的能力。

3. 透視教育體制中性別不平的的議題。

4. 建構多元的性別意識，尊重性別的平等觀念。

全書架構包含七章、二十九節，加上附錄，分別從：性別與愛情、性別與身體意象、性別與性別認同、性別與職場、性別與網路、性別與暴力，以及性別與婚姻等七項議題，透過：「性別主題」、「案例故事」、「討論題綱」、與「案例解析與簡答」四大部分，進行探討。並在每章後面附上參考影片等，做為補充材料。最後，附上「模擬約會」作業之緣起、範例與佳作分享。

　　至於整個課程的流程，每個案例故事為一單元，上課之前或上課前十分鐘，可要求學生閱讀每週的指定案例故事，然後根據討論題綱，進行分組討論約十五至二十分鐘，再由各組指派一位代表做五到七分鐘的分享（整學期固定分組，採組內合作、各組競爭方式）。各組中需事先選出一位組長和課堂記錄員，每次討論由組長主持，由副小組長或小組成員輪流擔任記錄，扼要記錄討論重點與結論，然後進行口頭報告，與其他組別的提問。最後，由老師針對各組進行講評和摘錄本週討論議題，進行重要概念與理論說明。如尚有剩餘時間，可讓學生觀看相關之影片摘錄，補充上課內容。

　　此外，性別教育與一般課程最大的差異，在於它是一門可以翻轉個人生命經驗的課程。課堂上討論的主題與學生生活經驗息息相關，可以鼓勵分享每個人的成長經驗，透過角色互換與模擬，分享個人不同的生命遭遇。尤其「模擬約會」期中作業，更是一大亮點。同學可以和自己正在交往的男、女朋友，班上新認識的同學，亦或是邀請自己暗戀、喜歡的國中與國小時期的朋友、大學學長姐等做為「模擬約會」的

邀請對象，進行一場有計畫的「正式約會」。從撰寫模擬約
會行前計畫書開始，到約會後的心得報告，都有一定的步驟
與規範。最後，可針對優秀的約會心得報告，給予口頭及實
質獎勵。

至於另一份期末報告，則規定各組同學從課堂閱讀與討論
議題中，尋找感興趣的題目，針對某個議題進行問卷或訪談
調查，還可以製作影片來完成此項報告。此外，也可以根據
上課中的故事創作延伸劇本，並進行課堂表演等。

如前所述，學生透過這些過程，翻轉學生上課經驗，從臺
下聽講到臺上報告、分享、甚至表演，都在提升同學對於周
遭性別議題的敏感度與關懷度，希望日後面對各種性別議題
時，可以有例可循，面對挑戰。

第 1 篇

▶ 性 別 與 愛 情

01 六三水災救美記

翻轉性別教育

戀愛 ▸ 追求 ▸

團體壓力 ▸ 男女朋友 ▸

昔有八百壯士，死守倉庫，
今有六三水災，英雄救美。

　　那一年的端午節前夕（6月3日），臺北木柵地區突然下起傾盆大雨，結果位於景美溪畔低窪地區的政治大學，竟因一雨成災，洪水很快淹到一樓高。許多研究生因為時值六月畢業季，論文收拾不及，全部泡在水裡。甚至有一位趕論文至深夜的碩士生，必須破窗而出逃離一樓宿舍，當時大水兇猛侵襲的慘狀，可見一斑。

　　到了第二天早上，大水仍有一人高，導致整個學校仍泡在水裡！話說住在學校附近高地的碩士生少校，雖然免於水患之苦，一早起來趕忙換上紅色小短褲，替房東清掃淹水的一樓。其間突然閃過一個念頭：自己心中心儀的小芳，不知是否還待在宿舍裡？宿舍電話不通，趕忙打了一通電話到她家，發現對方仍睡眼惺忪地回答：「因為端午節回家……」少校趕忙說：「學校這裡剛淹大水，你在家就暫時不要來學校了！」少校放下電話後，再度投入救災工作。不久想到：「平常自己在女生宿舍樓下站崗等小芳，很多路過的女同學看我可憐，還會送我冰棒、水果的，甚至在我久候等不到人的時候，還會過來陪我聊天。如果因為小芳不在宿舍，我就不理那群被大水困在宿舍的女同學們，那我未免太現實了吧！」念頭一轉，立即上樓拿錢，趕往地勢較高的指南宮樓梯山腳下的雜貨店，買了許多泡麵、餅乾、礦泉水等物品。老闆娘看他為了協助山下「災民」而蒐購這些賑災物品，連忙建議加購一個大澡盆，少校將物品裝在澡盆中，小心翼翼移至水中，邊走邊游地推著滿載食品的澡盆，朝女生宿舍游了過去！途中不時與水蛇等不速之客相遇，又要顧及澡盆的安危，過程之驚險，難以言喻！經過千辛

六三水災救美記

萬苦，總算游到女生宿舍門口，抬頭看到幾十對眼睛聚焦在自己身上，絕對不能有任何意外發生！「老闆，你那些食物是要送給誰的？」有女生按捺不住，大聲詢問。「我不是老闆，我是夥計，這些食物是來送給需要的人的……」少校苦中作樂，不忘幽對方一默。結果只聽到樓上觀看的女生們，有穿睡衣的、有打赤腳的，匆忙趕下樓來，迎接好不容易盼到的救災物品。少校在積水未退的宿舍階梯上，畢恭畢敬地把整整一盆的食物送上，沒想到一下子就被一掃而光，後面來的女同學們失望地詢問：「老闆你還有剩的嗎？」經不起這些女孩失望的表情，少校竟然笑著說：「沒問題，你們再等一下，我再給你們送過來！」於是又推著臉盆，冒著生命危險，不顧途中可能會又遇到一些水蛇出沒，想想背後還有很多雙眼睛在盯著他，期盼他帶回食物，無論如何一定要「使命必達」！所以第二度回到雜貨店，把剩餘的食物一掃而光，重新小心翼翼地游回女生宿舍，讓守在宿舍門口、面容憂愁的女同學們，破涕為笑！只是當時竟無人想起要「付錢」這回事！

事後，舍監阿姨稱讚他十分慷慨與熱心，因為在少校送完食物後，竟然有人真是沒良心，趁機會發災難財，將食物提高價錢賣給這些受困的學生！少校想著：原本是想來問問看有沒有同學要付給他當時食品的工本費，沒想到聽到這段話後，就不敢再吭聲！

只是這件「淹水運送食物」的創舉，一下子造成轟動，後果一發不可收拾。幾天後少校心儀的小芳回到宿舍，許多收到食物的女同學們爭相敘述淹水那天，那個正在追求你的男生，如

何兩度冒著大水，打著赤膊、穿著紅色短褲運送食物的精采片段……。有人甚至問道：「這樣的一個男生，你到底要不要接受？你如果再躲著不理他，後面好多人排隊，想找他當男朋友呢！」小芳聽到宿舍室友們七嘴八舌地描述經過，覺得十分玩味：怎麼會有人在大水未退時，冒險運送食物給宿舍同學們，難道這就是所謂的「愛屋及烏」嗎？

　　少校這段無心插柳的「壯舉」，在室友們的推波助瀾下，感動了小芳，成就了日後「六三水災・英雄救美」的一段佳話。

翻轉性別教育

/ 討 論 題 綱 /

1 追求心儀的對象，應該用哪些方法，才能引起注意，甚至博得歡心呢？

2 你同意文中的少校淹水送食的做法嗎？為什麼？

3 文中的少校終於博取美人芳心，請歸納有哪些因素？

4 小芳最後願意接受少校，有無受到團體壓力的影響？還是自己做選擇？

5 如果你是小芳，你會怎麼做？

6 古人說：「精誠所至，金石為開」，你同意這句話嗎？為什麼？

六三水災救美記

02 心情車站

翻轉性別教育

戀愛　筆友　暗戀

分手　前男女朋友

　　江文豪，果真人如其名的才子，五十歲那年應聘回臺擔任客座。才安定兩天，將近傍晚時分電話鈴聲響起，這個電話號碼、這個地址三十年沒變，除非故舊很難得會銜接這段從前，因此他還揣想著是不是太平洋另一頭的老婆還是小孩捎來問候。「文豪嗎？我是小艾。」小艾？這個名字已經在大腦記憶庫封存近四分之一個世紀未曾開啟。「那就後天下午四點淡水老街見囉，我會在捷運出口等你的。」小艾真的還是沒變，處事總是俐落，話語也果決。文豪對於突如其來的邀約還是有些遲疑的，先推說剛回國太忙，再說家人沒有一起出席，這些理由一一都被小艾的堅持擊潰，好吧！就後天下午四點鐘。

　　卸下老花眼鏡的文豪接完電話後，似乎有點氣力放盡的困窘，索性先放下整理一半的書櫃，讓記憶倒帶到那個現在想起來還會臉紅心跳的從前……

　　那是一個非常文青的時代，高中生非常時興發行班刊或校刊，藉由刊物的流通，校內或是校際間會因為幾篇文章被刊登，而在某個巧合或機緣中會有一封仰慕的信件寄達，之後就變成只聞其字不見其人的筆友了。小艾和文豪當年都是略具文采的青年，五年的魚雁往返讓他們對信箱另一頭的人兒有幾分嚮往，也有幾分的不安──嚮往的是文采，不安的是見光死的傳說。

　　不料，大三那一年，文豪打破了禁忌！那是在通信剛滿五年後的一個黃昏，當文豪翩然走出信箱彼端的剎那，似乎打破了小艾累積經年的想像與期望，小艾真心享受著原來人世間真有這麼一個：筆端千鈞力、刀槍也難敵的男子，可以為自己過去

多年的「文字」現身說法。初次的邂逅，文豪對小艾也是一見如故，那見面好似闊別已久的老友，又彷彿是久別重逢的故知，哪怕見面那一天的綿綿冬雨及陣陣寒意，也澆熄不了兩人之間既熟悉又陌生的熱情。兩人沿著河堤邊走邊聊，大傘之下，文豪毫不猶疑地伸出溫潤的手，摟近小艾纖弱的肩膀，小艾也順從地伸出手來，緊抓著文豪的臂膀。於是，兩人從黃昏走到夜晚，時間的存在彷彿多餘，當下全世界只剩下緊握的雙手和兩個相依的靈魂。

　　這一天，兩人之間開啟的話題當真天南地北，有滾滾遼河胸懷家國的大氣磅礴、有情愛糾葛的纏綿悱惻、有「藍與黑」的淒美浪漫與無奈……。淡水河畔的夕陽漫步到夜深朦朧月色下的相擁，就如同某位詩人〈記得〉所說的：

　　年輕的歲月，簡單的事，淺淺深深，雲飛雪落……。

　　這樣一對璧人的模樣，讓濃情密意迴盪在互相傾慕的相知、相許，以及彼此都不敢承認的愛苗。面對文豪這份率性，小艾衷心企盼眼前這位風度翩翩的君子，可以是攜手共赴人生的伴侶！

　　下午四點的約定終於到來了。小艾在捷運站的這端靜靜等候，忐忑不安的情緒彷彿回到二十五年前的初相逢。很準確的四點鐘，手扶梯將英挺依舊的文豪送到地面層，說是一切如昨也有些失了準頭，往昔帥氣的文豪外表已換了裝、烏黑的捲髮變得兩鬢花白，唯一不變的是那頂天立地的魁梧和充滿信心大

步向前的模樣。重相逢、彷彿在夢中……，文豪用胸前的老花眼鏡遮掩自己的不安，走向對方面前。此刻小艾差一點遺忘早已兒女成群的彼此，情不自禁地想衝向前去，重新投入文豪懷裡，傾訴這四分之一世紀分離的委屈。不過最後小艾還是忍住這份衝動，雙手垂下緊握在兩側，抿著雙唇，一動也不動地望著那個逐漸走近的熟悉身影。

二十五年的嘆息與等待，絕不是三言兩語可以訴說得盡。當年的開始肇於文豪的不請自來，半年的淺嘗即止之後以不告而別坐收，留下的盡是惆悵與遺憾。當時究竟發生了什麼？小艾用了生命中最璀璨的年華在思索。初相見的半年後文豪收到入伍通知單，也是一個黃昏時分，小艾因思念決定採用文豪的出場模式到部隊探視，還捧著文豪平日最喜愛的現烤法國麵包。沒有高鐵的年代，必須忍著幾小時火車的顛簸與勞頓，好不容易來到營區會客，迎面而來的文豪滿臉寒霜，少了過去慣有的笑容與自信。文豪開口的起手式是斥責小艾不顧勸阻，執意來訪的攪擾！他把想說的話說完就逕自轉身離去，這一席與君訣別式的對話，後來成為小艾揮之不去的夢魘。此後，文豪對小艾視同陌路，一封封來信都以「查無此人」退回，比現在的已讀不回，傷人百倍。這絕情的轉變，一度將小艾推向人生的幽谷，跳樓輕生的念頭也曾經有過幾回。小艾不斷在夢裡哀怨低迴，她埋怨文豪的率性出現，開啟潘朵拉的盒子後攪亂一池春水，導致後來莫名分手，更中斷了一場原本可以延續久遠的書信情誼，違背當初「雖無刎頸交，卻有忘機友」的約定。

淡水的夕陽很美，但是重逢後的話題一點都不美，文豪竟然

心情車站

對小艾說：當時兩人真正見面的次數其實不多，彼此認識有限，如果真有愛意絕對只是小艾的一廂情願。「一廂情願？」小艾沒說出口的是：「那牽手摟腰算什麼？」文豪接著說：「其實離開我，你才能找到真正幸福。」小艾聽了這席話後如同椎心之痛，但也似乎到了夢醒時分。文豪說：「想知道當年為什麼要離開你嗎？」小艾搖搖頭說：「喔，不必了！」接下來小艾果然主動了：「我送你去捷運站好嗎？剛回國應該不太熟。」「好啊！謝謝。」這是與文豪最後一次在車站的送別。

　　回家後的小艾這樣告訴自己：能夠擁有這二十五年的戀情，本身就是一種幸福。記憶中的那一個年輕的男子，永遠佇立在街頭轉角，對你微笑！畢竟，「愛」不一定要擁有對方。

/ 討 論 題 綱 /

1 愛情是什麼？古人說：「問世間，情為何物？直教生死相許。」你同意這樣的說法嗎？

2 什麼是「一廂情願」？故事中，若小艾的一廂情願造成文豪的困擾，她應該怎麼做才好？小艾為解開二十五年的心結找了文豪見面，為何最後又不願聽文豪的解釋？最後，小艾是否真的解開了心結？如果是你，你會怎麼做？怎麼想？

3 你覺得男女朋友分手後還能做朋友嗎？為什麼？

4 分手後的傷痛該如何療癒？你有何辦法？

5 為什麼初戀特別難忘？特別容易被美化？

03

可惜不是你

Unfortunately Not You

愛情長跑 ▸　戀愛傷痛 ▸

愛情創傷承受度 ▸

走出愛情創傷 ▸

　　盼了十四個春夏秋冬，學長終於向小青開口求婚了。拜科技之賜，音樂播放器有一種叫重複播放的功能，於是小青的臥室滿滿的：〈人海中遇見你〉，在演唱者悠揚的歌聲中，她想像著兩人攜手走進婚禮會場的模樣。兩個國立大學教授終於要成為珠聯璧合的眷侶，灑花的、祝福的、拍照的……，一切都會依照排定的流程進行。

　　十四年前她剛滿十八，清湯掛面的容顏是考到一流學府的證明，小小的身影站在大大的校門口，這是她第一次踏上臺北的土地，好不容易熟悉了迷宮般的校園，接下來她要體驗的是大學生必修的課程之一：社團生活。走進社辦，迎面而來一個大漢，這是他們的初相識，「這個人好高大，好像一棵大樹，可以幫人擋風、遮雨」，這是小青對學長的第一個印象。學長真的是好人，都已經是碩士班的資歷了，還跟著大家一起輪值顧辦公室；學長更是暖男，圍在他身邊的學弟妹都在討教考取研究所的祕訣，小青當然也是其中一個受益者。偶有關於學長的傳說：他的家室顯赫，父親是某國立大學的著名教授，母親則是部會級的高級公務人員。小青呢？父母務農，家境小康，放假回中部都搭平快車，為的是不要讓父母太辛苦，所以她幾乎不曾想像和學長會有交集。

　　大學畢業了，碩士學位獲取了，小青決定直攻博士班。學長還是同校學長，他們一起讀書、一起交報告，彼此熟悉得像家人。路人都覺得他們就是天造地設的一對，因為這麼多年下來兩人越來越像，唯一不同的是學長有學業上的堅持，這麼一堅持讓小青幾乎要和學長一起取得博士學位了。那年她虛歲三

十，他滿三十六足歲，他們進入人生另一個階段：求職。小青的機運和條件似乎優於學長，她順利應聘到大學任教，學長則是在幾所國立大學間兼職。「四十歲前如果我獲得國立大學專任教職，我們就結婚！」這是學長某次南下高雄前告訴小青的，他沒有說的是，萬一沒有呢？然而，小青十幾年來都這麼陪伴學長度過了，或許那個不好的結果不會出現，小青這麼相信著。

兩年過去了，終於傳來佳音，學長真的心想事成了，沒錯是國立大學教職聘書，錄取通知發布那天，學長真的正式向小青求婚。十四年了，小青臉上沒有表現太多喜悅，可是內心的澎湃是無法抵擋的，連學生都看出教授跟平日不太一樣。

整個暑假小青和學長認真張羅婚禮的一切，就是中規中矩的讀書人，每個細節都要寫得清清楚楚，這是學長的堅持也是小青熟悉的模式。婚禮前一週，學長已辦好學校代課手續，準備集中精神做最後的規劃與排演。當然包括喜宴與度蜜月的種種細節。

「小青，晚上我過去你那邊做最後確認哦！」學長的電話總是給小青期待與滿足。學長用過晚餐才來小青住處，都要變成夫妻了，學長還是紳士般體諒，希望不要給小青任何負擔。學長剛進家門就要了客廳的沙發小憩，這陣子真是太麻煩他了，可能是太累，或者最近受了風寒，抑或血壓藥又忘了吃，總之晚上學長的氣色真的不太好。就讓他好好休息吧，小青有〈人海中遇見你〉一曲的陪伴，兀自整理宴客桌次表。一個小時後，小青看看時間不早了，想要叫醒學長，咦！怎麼一直沒回

應，摸摸他的額頭，天啊！學長早已昏迷許久。跟著一起搭上救護車，這是他們最後一次同車。三天後，學長因腦溢血，來不及跟小青說再見。

往後那一年，小青活得像行屍走肉。假日常常一個人到山上的靈骨塔就站在學長的牌位前發呆，有時會喃喃自語，吐出幾個字：「你怎麼可以就這樣一走了之？」

那段時間，小青經常捫心自問：老天爺為什麼和她開了這樣的大玩笑？一會兒給了她一份厚重的禮物，一會兒又向她要回這份禮物 。 相戀了十四年的學長，一夕間就收了回去，沒有道別，更沒有留下隻字片語。對於小青來說，這一擊也著實太重了！接下來的人生，該怎麼走？看了一年的骨灰罈，始終沒有答案。

從小，小青就是一個聽話順從的小孩，幾乎沒有違背家人要她走的道路。戀愛後對學長也一直是言聽計從，從來不曾對自己做什麼規劃。一直到學長突然離去的時候，她整個人生頓時失去色彩，徹底掉進死蔭幽谷中。一年之後，她突然甦醒過來，如果學長還在的話，一定不希望看她如此迷失在自己的痛苦中而無法自拔。像一棵大樹的學長，會像以前一樣，抓起小青的手，要她快快四處尋找恢復的力量，超越傷痛和悲傷，讓她練就更強壯的身心。

於是小青在學長去世後一年，開始找尋宗教信仰，利用工作之餘，開辦自己的道場，積極幫助身邊同樣受苦的朋友。她也領悟到，世界上除了父母家人之外，能夠有幸遇到真心愛過她、包容她與幫助她的人，是何等福分！雖然兩人最後沒有結

可惜不是你 Unfortunately Not You

果，可是透過這些生命的試煉，她開始看待自己的內心深處，了解自己真正想要的是什麼，開始學習關心自己、家人以及身邊周遭的朋友，更加細膩地對人付出與關懷。

「就交給上蒼做主吧！」小青這樣告訴自己！愛聽歌的她，現在改聽的是梁靜茹的〈可惜不是你〉。

/ 討 論 題 綱 /

1 什麼叫愛情長跑？你嚮往愛情長跑嗎？你覺得愛情長跑的特點和利弊得失為何？什麼樣的人格特質或是愛情觀比較容易出現愛情長跑？

2 愛情長跑的戀情是否更加堅貞不渝，有助於婚姻的維持？愛情長跑對男性和女性的影響是否有不同？

3 請描述一下小青從事故發生以來，經歷過哪些生理與心理復健過程？

4 戀人逝去、分手、失戀，你覺得何者帶來的傷痛最難以承受？復原的方法有哪些？失戀與分手兩者間有何不同？

5 在許多故事案例或是電視劇情節中，當失去摯愛無法走出傷痛時，就會轉而尋求宗教的慰藉。你覺得宗教中的哪些觀念或是做法，有助於撫平創傷？

可 惜 不 是 你 Unfortunately Not You

04 歸鄉

性別觀念

家鄉　尋根

分手後的情誼

對於從小生長在臺灣的秀秀來說，叔伯口中家鄉的大江大河，是如此遙不可及。從沒想終有一天，她會代替年逾八旬的乾爹，踏上歸鄉之路，並捎回家人的訊息。這其中應與許多人曾經歷過的「國殤」有關。

一個春寒料峭的四月清晨，廣播中傳來蔣介石總統辭世的消息，威權時代對國家領導人尊如至親，霎時間全國人民陷入如喪考妣般的哀戚。北部地區的學校紛紛發起到停柩的國父紀念館瞻仰蔣公儀容，當時是高中生的秀秀也依著學校安排前往致祭。國殤期間所有的彩色忽然化成黑白，連為賦新辭強說愁的文青也要為國運為世局抒懷一篇。某日，秀秀鄰座好友帶來一本附近男校的班刊，秀秀翻閱之後竟被一篇名為：〈慈湖老人〉的追悼文所吸引，這文中的字句不但貼切反應當時社會的哀戚氛圍，也道出年輕人今後該如何報效國家的砥礪。溫柔有之，氣魄有之，感動之餘秀秀竟提筆給這位年輕作者寫信，分享讀後心得。在當時保守的年代，這樣的舉動驚擾了作者與其家人。幸好這位男同學的父母相當開明，並未反對兒子給女讀者回信。數週後，秀秀收到作者來信，俊秀的筆跡中，充滿著年少憂國憂民的情懷。秀秀有如遇到知音，趕緊提筆修書，就此展開五年的魚雁往返。

在沒有電子信箱、網路，連電話都少見的時代，寫信是年輕人交流的唯一機會。與「筆友」通信，成了秀秀重要的精神糧食，每每打開信箱，展讀來信時的雀躍，迄今難忘。只是筆友的緣分終有盡時，五年後的初秋黃昏，〈慈湖老人〉的作者翩然走出信件，出現眼前。兩人見面後，一見如故，隨即在校園

中促膝長談至夜深。爾後，雙方在相互吸引中開始交往，並介紹彼此家人認識。秀秀一直記得同樣紮辮子的對方母親，第一次見面時拉著她的長辮子說：「乖孩子，總算見到你了！」

有時距離其實保持著一種美感，五年的書信往返拉近了心靈的距離，半年的交往卻確立了彼此的不適合，筆友不似文章展現出的胸懷和氣魄，他選擇用不告而別的方式斷了聯繫。傷心難免，但日子還是被考試和升學推著向前。

經過多年，秀秀留學歸來，在大學覓得一席教職，開始作育英才。某日路過當年的傷心地，腦海浮出的不是無情的年輕作者本人，反而是懷念起那對對她有極度好感的老夫妻，尋來路探索去吧！她給自己一個有力的「回家」理由，改建過的眷村並不好找，但是街坊鄰居、官拜何階？只要提供足夠訊息找個人還是不難的。按過門鈴後，應聲開門的是十多年未曾見面的老伯。老人家馬上認出眼前這位似曾相識的中年婦人，高興地露出驚喜的表情。進屋後才知道在這段分離的歲月中，伯父退伍經商，伯母則因意外失去寶貴的視力。至於〈慈湖老人〉的作者早已成家立業，移居海外。

不知是念舊或者惜情，無法成為二老媳婦的秀秀，往後繼續探訪，並與老人家把酒言歡，暢談人生。幾年下來，雙方從忘年交，變成義父義女關係。自此秀秀更可以名正言順地探望二老。也許是離家太久，或者是年歲越老，思鄉越切，秀秀常聽到這對老人家，訴說當年家鄉的種種，以及半世紀家人分離的懷念與無奈。

看在秀秀眼裡，她常在想如何幫這對老人家圓夢。果然機會

到了。那一年趁著到大陸講學之際，她決定動身前往大西北，為乾爹探望倖存的妹妹。透過遠房表妹的陪伴，秀秀先是風塵僕僕地趕到黃土高原上的老家。在用完乾爹後輩親友滿漢全席（雜糧）午宴款待後，立即動身前往姑姑的居所。那是一個人煙稀少的偏遠村莊，車輛在黃土地上吃力地攀爬，好不容易在漫天塵土中，出現一片類似窯洞的房子。姑姑看來也患眼疾了，目不能視但耳還是聽得見，秀秀表明來意，姑姑再也忍不住抱著秀秀哭了。秀秀補上乾爹交代的一句：「姑姑您辛苦了！」讓姑姑逕自潰堤。

秀秀回到臺北，兼程探望乾爹，手上帶著許多老家的照片、還有家鄉的屋瓦、泥土以及親戚們的問候。乾爹看著看著，久久不發一語。秀秀眼前這位鄉音未改的老兵，在睹物思情後，究竟心情是何等複雜？想到秀秀能夠順利代他回老家，探望親人，並與相隔半個世紀的妹妹相見，而他卻因從軍來臺，長年背負連累大陸家人的罪名，每每只能隔海遙望，真是情何以堪！最後乾爹還是說了一句話：「秀秀，辛苦了，謝謝你幫我們回家。」

是啊！能夠替老人家完成歸鄉夢，對於生長在臺灣的秀秀而言，是一趟多麼奇妙的旅程啊！

歸鄉

/ 討 論 題 綱 /

1 請回顧民國64年4月5日先總統蔣中正先生過世的時代背景，包括當時海峽兩岸的人口、性別比例、教育程度、性別觀念等。

2 為何當時臺灣人民會因一位總統過世，而有如喪考妣的反應？你曾在哪裡見過此種「似曾相識」的場面？為什麼？

3 故事中的這些老一輩，如老兵，為什麼需要返鄉？家鄉真的這麼重要嗎？經過半世紀以上分離後返鄉，家鄉會有哪些變化？如果你是那位無法歸鄉的老先生，你有何想法？

4 唐朝賀知章一首〈回鄉偶書〉中怎麼說的？還有其他類似的情景嗎？

5 故事中有哪些可以討論的性別議題？例如：秀秀為何會與筆友一見鍾情？因何而分手？分手後需要重逢嗎？秀秀適合認前男友的父親做乾爹嗎？為什麼？

歸
鄉

05 分手合約

分手 ▸ 遠距離戀愛 ▸

　　楊燁是在日本求學期間，認識香穗子的。這個笑容燦爛，有著迷人虎牙的日本姑娘就像一束光，從開學第一天起就深深吸引了楊燁的目光。隻身到異地最怕的就是孤單，無論是文化的隔閡、語言的差異，甚或是課業的壓力，在在需要有個心靈的陪伴。很巧地，每次楊燁抬起頭表現腸枯思竭的模樣，另一頭總會是香穗子的溫柔呼應。這兩人終於在一次班級內分組活動時，恰巧分到同一組而開啟彼此特殊的互動模式。楊燁還不算流利的日語總是逗得香穗子「咯咯咯」直笑，香穗子也愛聽他說說那遠在南方的臺灣島上的故事。不久後，兩人便嚐了什麼叫熱戀的滋味。

　　都說校園戀情是最純粹且不參雜利害關係的美麗風景，可是兩人從正式交往的那天起，便考慮起了未來。他們對畢業後面臨的遠距離戀愛能否修成正果抱有懷疑，於是決定先簽上一份「分手合約」，合約上彼此約定「畢業之日就是分手時分」。於是戀情從萌芽時開始，就像商品效標一般被打印上一個：「有效期限」。

　　或許也是因為這個有效期限，在這兩年的交往過程中，楊燁和香穗子分外珍惜相處的每一分每一秒。儘管有著文化差異，兩人依舊盡力了解、體諒對方，偶爾會有小吵小鬧，但雙方總能在冷靜下來後把話說開。他們在充分享受戀愛的時光中，也懂得保持戀愛邊際，互相尊重，互相成長。

　　一回，兩人相約去學校健身房跑步，沿路一隻小狗安靜地伏在路邊，香穗子覺得很可愛，於是上前摸了小狗一下。不料，這隻小狗一扭頭便咬住了香穗子的手。楊燁連忙上前將狗趕

跑，並且叫上救護車將香穗子送往醫院。應該是因為楊燁的反應及時，香穗子的手才沒有大礙。在這之後的一個月裡，楊燁每天細心照顧香穗子，上下學幫忙提包，傍晚時分伴著香穗子去醫院包紮換藥，沿路上的暢聊是他們一天中最開心的時候。

　　然而時間飛快，驪歌竟然就忽焉響起。承諾像編寫好的劇本一般，很快進入完結篇的分手時刻。送別楊燁的那天，香穗子特地親手做了可口的壽司，讓他在車上享用，香穗子可愛的虎牙被她深藏著，近一個月了都見不到笑靨，她堅持送他到車站，當火車緩緩發動，香穗子不爭氣的淚迷矇了雙眼，除了不斷揮手說再見，她還在想著「合約」究竟是拿來履行還是拿來毀壞的？

　　兩個多小時的飛機把楊燁送回故鄉，他很努力重新適應臺灣的一切，更努力克制自己不再與香穗子聯絡。然而，就算不是情人畢竟還是朋友，同學的群組都還沒退出呢！就在這樣不斷「藕斷絲連」的情況下，楊燁又心生下一次見面的期待。媽媽的眼睛和心思總是明亮的，她勸楊燁千萬不要放棄這麼好的女孩子，可是楊燁卻說：「分手合約早就已經訂好，好聚好散，這個合約必須遵守。」

　　一天，楊燁手機上收到一條香穗子的簡訊，原來是香穗子帶著兩個朋友要來臺灣旅遊，希望邀請楊燁做地陪。楊燁望著訊息，內心開始焦灼了起來……。

/ 討 論 題 綱 /

1 何種情況或是心態下，會和戀人訂下分手合約？
既然分手是不可避免的結局，為何還要談戀愛？

2 分手合約是否是一種「不在乎天長地久，只在乎
曾經擁有」的浪漫情懷與現實之間的權宜之計？
或是讓自己免於在愛情中受傷的保護傘和預防針？

3 你如何看待「約定分手」這件事？若約定時間到
了，一方想毀約，另一方不想，那該怎麼辦？

4 「分手合約」會不會變成在追尋感情中逃避承諾
的合理藉口？

5 如果你是楊燁或香穗子，你會遵照「分手合約」
嗎？

6 你怎麼看待遠距離戀愛？

06 愛上 SAY GOOD BYE

戀人分離　婚姻前的障礙

與所愛的人SAY GOOD BYE

婚姻與習俗的碰撞

相戀多年的男女朋友，凱明和靜佳終於到論及婚嫁的時候了，有些大方向小倆口總在説説笑笑中規劃著，因為濃情密意互相意愛，海島婚禮可以、不穿禮服可以、只宴請親友不邀朋友什麼狀態都可以。沒想到所有的「都可以」，在雙方家長見面過後一切「都不可以」了。喜帖格式很重要、酒水的規模、排場和價錢也很重要，那天最後的結局是：不歡而散。

隔天，凱明打電話給靜佳，討論該如何解除雙方家長的誤會，好讓婚禮如期進行。沒想到電話另一頭的靜佳接通電話後，一反常態地破口開罵：「現在是怎樣啊！你爸媽為什麼這麼機車？明明我們選好的菜色、地點都那麼符合我們的預算，憑什麼他們為了面子就可以隨意修改了我們的計畫，更過分的是他們不但當眾羞辱了我，也沒給我爸媽面子，我看婚禮就此打住！免得我嫁過去要吃苦受累……」

面對這樣的質疑，凱明一時也氣不過，反問道：「要説無理你爸媽也不遑多讓，明明知道我父親在商場上有許多朋友，媽媽也在公家單位服務多年，幹嘛要諷刺我的家境，尤其還説什麼『我們家女兒配不上你們兒子』這種話！」這場溝通最後以兩個人都氣沖沖地掛了電話做結局。至於婚期就隨著冷戰打入了冷宮。

無情的戰火煙消了半年之後，某日凱明突然接到一封簡訊：「凱明，趕快來醫院看看靜佳，她出意外了，現在在加護病房！」乍看之下凱明覺得是收到了詐騙簡訊，沒予理會。過了幾分鐘又有訊息傳來，是醫院的地址，署名人是靜佳父母。

凱明開始有點緊張，連忙撥了靜佳的手機，結果不通，之後

打遍了手機裡儲存所有靜佳的好友，終於在閨密芷琳的通話訊息裡傳來：「你趕緊來，靜佳現在在醫院。」

　　宛如晴天霹靂，凱明頓時恍了神，也不知道是怎麼趕到醫院的，進到加護病房裡看見靜佳的家人朋友都在。原來當天靜佳吃完晚飯，與朋友在墾丁海灘上散步，興許是天氣太熱，走著走著就走到了海裡頭，突然一個瘋狗浪襲來，一下子將靜佳捲入海底，旁邊的朋友呼喊救命，不久海巡隊員下海搜救，隔了好一陣子，才找到靜佳。緊急送醫後，靜佳因缺氧過久始終呈現昏迷狀態，目前還在和死神拔河。醫生說很可能會變成植物人。凱明聽到這裡跌坐在地上，說不出話來，喃喃自語：「我的天吶，怎麼會這樣，怎麼會這樣……。」

　　就這樣，凱明緊接著半年的時間不斷地到醫院探望靜佳，看著她日漸消瘦的形體和始終無反應的知覺，凱明只能在身邊輕輕呼喚：「佳，我是凱明，你醒醒吧，對不起我來晚了，我們不該為了喜宴吵架，白白浪費時間的，佳，你醒醒吧……。」

　　就這樣一次一次地呼喚，靜佳還是沒有回應，半年後的一個夜裡她撒手離開了人世。當凱明聞訊趕到醫院的時候，看到的是空無一人的病床。凱明跪坐在地上懊悔萬分，他從沒想過曾經這樣相愛的一對戀人，連「再見」都來不及說一聲……。

愛上 SAY GOOD BYE

/ 討 論 題 綱 /

1 你覺得男女之間交往需不需要「門當戶對」？你覺得何謂「門當戶對」？

2 男女朋友之間的感情常會受到哪些因素影響？

3 辦喜宴如何皆大歡喜，需要考慮哪些因素？

4 如果你是凱明或是靜佳，你要如何化解雙方父母因辦喜宴而意見不合的僵局？

5 對於所愛的人，要如何說再見？

案例解析
與
簡答 ▶▶

一 戀愛

　　韓國一位麻醉科醫師在他的《我們戀愛吧》書中有這麼一段對戀愛的描寫：「在約會期間，世界會變得充滿喜樂，早上起床會對一天有新的期待，無論發生何等困難的事也能夠堅忍下去。有位執事曾對我說：『戀愛的時候，生活簡直如夢似幻。想到晚上能與愛人相見，無論工作多麼難以忍受，無論多委屈都可以面對，無論壓力多大也可以承擔，跟戀人相會就是能帶來這麼大的安慰和力量。啊！愛情的力量是如此偉大！』」

　　為什麼愛情能讓人覺得愉悅？有研究稱是因為愛情的氛圍，容易刺激大腦分泌比平常更多的化學物質，如抗利尿劑（vaso-pressin）、多巴胺（dopamine）、皮質醇等，這些物質都能讓人情緒亢奮。同時，當你在戀愛中時，你的腎上腺素也會分泌旺盛，因此約會中常出現緊張、七上八下的心情。但這些分泌物

通常在一年後會慢慢回歸到正常生理狀態，此時如果雙方的關係繼續維持的話，相互擁抱以及依偎又會促使催產激素大幅提升，它能幫助減輕頭痛的症狀，讓身心慢慢舒緩。

男女在戀愛中的情感表現其實也有很多不同，即使是熱戀階段，彼此感情都達到強烈程度的時候，仍然不盡一致。例如：男性往往會變得很熱衷於表達自己的想法、對戀人的愛慕，行為上易衝動，受到刺激時不易控制自己；而女性在戀愛中會變得細心害羞，會更加小心翼翼地展現自己的言行舉止。

通常戀愛以從朋友身分開始會比較好，這不是在否定一見鍾情，只是當愛情植基在深厚的友情沃土上，會更能得到滋養和成長。戀愛中有所謂「大圈圈、小圈圈」理論，主要在說明戀愛雙方宜先從群體中的相處開始，如班級、社團、職場等，比較能有一個自然的開始，等到雙方看對眼後，再進入小團體或兩人的世界。這樣雙方容易形成共同的朋友圈，在遇到問題時，也有人可以有所緩衝，與幫助調解誤會。

其次，是「戀愛漸進法」原則：整個戀愛過程，從情感上的喜歡到肢體上的接觸，如：牽手、擁抱、接吻，以及更親密的肢體接觸甚至性關係，這樣的過程是一個直線前進的路徑，也是一個不可逆轉的過程。而且一旦雙方發生性關係以後，就很難再回到過去純純的愛，如牽手階段。現實生活中有不少熱戀中的情侶，往往見面不久，就以解決生理需求為前提，發生性愛關係，跳過了彼此溝通了解的重要階段。因此，戀人們在交往過程中，應該在每一個步驟中都放慢腳步，正是因為它的不可逆轉，才更要珍惜戀愛的每個階段。

　　而「愛情不歸路」則是根據愛情有著直線前進，一旦產生愛情，就很難回到普通朋友這種不可逆的特質所展開的愛情探討。例如：男女之間是否有純友誼？談過戀愛的人是否還能成為普通朋友？

　　本篇第二則與第五則故事中，女主角和前任男友是否應該或可以繼續保持聯繫？通常情況下，除非雙方先後成家，並且心智成熟到一定階段，否則很少有分手男女，還能以朋友關係繼續聯絡。

　　第三則故事中的「愛情長跑」，對許多人來說，看似忠貞浪漫，卻也無奈。為何要愛情長跑？可能是求學的限制、遠距離戀愛或是家庭因素，因此情侶不得不進行愛情長跑。一般認為，成年人中戀愛半年到兩年最適合結婚，也有說法指出：戀愛兩年四個月結婚，最不容易離婚，因為彼此有足夠的時間相互認識與了解，甚至可以和對方家人熟識而雙方接納。至於閃婚（三個月內）和「馬拉松」（如五年以上）式的戀愛，離婚風險較高，其中結婚拖延時間最長的人們分手的可能性也最大。

　　至於為什麼會和人談戀愛？一開始，人與人互相吸引可能是因為對方與自己有「物以類聚」的特質，而能真正在一起的，往往是「互補」的個性，因為互補才不會讓彼此的缺點在戀愛過程與日後生活中擴大，比較能夠互相持久。

　　如今社會、環境變化迅速，雙方交往過久，彼此的新鮮感會降低，即使雙方能夠共同成長，卻不一定能攜手走到最後。在愛情長跑中如果突然面臨分手，往往會給其中一方或雙方造成

很大傷害，尤其是涉及到生離死別，如何和愛人說再見，是一個非常大且困難的人生課題。

二　分手

　　本篇多則故事，也都談到戀人的分手和離別。分手是一件很傷感的事情，但分手的時候切忌惡言相向。所謂好聚好散，畢竟對方也是與自己有緣，能夠走過這段歲月，儘管沒有辦法持續這段感情，心存感恩的心很重要，不管是誰提出分手；其次分手的過程切忌買賣式的喊價，例如：我為你花了多少錢，或直接甩給對方賬單，索回所有送出的禮物等行為。另外，分手也切忌報復心理，例如：在他人面前散播不實訊息，或是人身攻擊等，畢竟不斷批評曾與自己走過一段美好歲月的人，更顯露出當時自己選擇時的愚笨。

　　為什麼許多人無法給分手一個完美的結局？很大的原因是雙方當時無法平心靜氣地談論這件事情，有一種被傷害、背叛的感覺，所以才久久無法忘懷這種痛苦。面對失戀，無疑是一件錐心刺骨的歷程。一般失戀恢復的時間，短則幾個月，長則數年之久，甚至有的人不敢再觸碰愛情，或者終身視愛情為畏途。當然也有許多人從失戀中重拾信心，找到下一段更美好的愛情，他們感激失戀，也更加了解什麼樣的人適合自己，是可以真心相待的。

　　聖經詩篇有云：

翻轉性別教育

愛是恆久忍耐、又有恩慈；愛是不嫉妒，愛是不自誇、不張狂、不做害羞的事；不求自己的益處、不輕易發怒、不計算人的惡、不喜歡不義、只喜歡真理；凡事包容、凡事相信、凡事盼望、凡事忍耐；愛是永不止息。

如果分手雙方可以面對面坐下來好好談一談（公共場合）是最好，要是害怕自己情緒失控，請閨蜜、好友一起來，也不失為一個好方法。面對面說清楚，不留遺憾，再瀟灑地轉身，留給彼此空間。要知道每個人都有可能遇到情感的挫折，如何了解情感中沒有對錯，只有合適不合適，也很關鍵。要學會接受人是善變的動物，千萬別一直陷在無法解脫的情感枷鎖裡。

三 　現代版的「門當戶對」

從上述第六則故事中可以窺見，現代版的門當戶對，應該不再只是社經地位等的契合，而是雙方成長背景與價值觀各方面的相近，尤其是在教育背景、金錢、宗教、交友態度等方面的接納與理解。男女主角因為婚姻細節沒談攏而錯過，某一個程度也說明了兩個人成長背景的差異，如沒有做好溝通，家庭可能也對對方孩子有意見，才在細節上出現矛盾，而這些其實都可以事先避免。

現在許多年輕人喜歡婚姻自主，但畢竟婚姻不僅涉及年輕人雙方，還會涉及家族的接納與融合的過程，父母養兒育女畢竟花了許多心血，在兒女的婚禮上一方面是向周遭親友宣告子

女的成年，一方面加之父母有自己的關係圈，透過兒女的婚禮也是一個關係聯繫的途徑。因此如何在婚禮上尊重當事人的意願，又可以結合上一代人的期望，其實需要花一些時間溝通協調，而這也是這一代青年人難以避免的議題。

翻轉性別教育

參 考 影 片

① 詹姆斯·卡麥隆（監製、導演）（1997）。**鐵達尼號**（英語：*Titanic*）。美國：二十世紀福斯。

② 張偉平（監製）、張藝謀（導演）（2010）。**山楂樹之戀**。中國大陸：北京新畫面影業有限公司。

③ 賽恩·切芬等（監製）、大衛·芬奇（導演）（2008）。**班傑明的奇幻旅程**（英語：*The Curious Case of Benjamin Button*）。美國：甘迺迪／馬歇爾製片公司。

④ 吳基桓（導演）（2013）。**分手合約**。中國大陸：華策影視。

⑤ 牟頔（製作人）、葉璐等（導演）（2017）。**奇葩說（第4季）：分手該不該當面說？【電視節目】**。中國大陸：愛奇藝。

第 2 篇

▶ 性別與身體意象

01 輪椅人生

身體意象 ▸　身體自主權 ▸

婚姻與家庭 ▸　宿命觀 ▸

性別差異 ▸　家務分工 ▸　母職 ▸

漫長的暑假終於要在今晚畫下句點了，即便是老師的小孩也有壓線趕作業的毛病。任教於國小的美琪看著四個孩子正襟危坐寫著書法作業的畫面，其實是有點欣慰的，這些年跟先生共同努力的成果，除了正在繳貸款的房子外，不就是這幾個乖巧的小孩嗎？當然最高興的是編號五號的小昆，明天他正式入小學，今晚唯一沒有壓力甚而有點期待明天到來的人是他。

美琪起個大早為五個孩子備妥早、午餐便當。送走了四個可以自己走路上學的孩子後，她發動了50CC的青春樂機車，載著么兒一起上學去。快樂的小一新生掩不住興奮坐在後座，雙手環抱著媽媽一路咿咿呀呀地哼著兒歌，美琪老師被這天真所感染，也不自覺歡天喜地地伴唱起來，在這條乘載著臺灣早期發展的重要公路──臺一線上，他們是如此幸福。只是這幸福卻在與砂石車擦身而過的霎那嘎然而止。早已習慣凶險路況的美琪沉醉在兒子歌聲中，突如其來的一陣撞擊，讓她整個人從車上摔了出去，當身體像自由落體般跌落地面時，她發現兒子卡在車輪底下。美琪不顧全身的刺痛，奮不顧身地爬到卡車底下，抱住滿身鮮血的孩子，喚著：「小昆、小昆！」沒想到這時兒子的頭像螺絲釘鬆了般，整顆頭垂到胸前，幾乎掉了下來！美琪看到這一幕，整個人昏了過去。

時間在太陽起落間不知過了多久，美琪終於在感到手臂像是被針扎過的刺痛後，才悠悠甦醒過來。這一醒離躺在救護車那刻已經一個月又十五天了，睜開眼她看到了先生的無力

眼神，更聽到四個小孩們的啜泣，全身插滿管子的她真想擺脫這動彈不得。她的眼神不斷搜尋著四周，然後終於問：「小昆呢？」站著像階梯似一字排開的四個孩子，無言，他們只用小小臉頰滿佈淚水與鼻涕回覆媽媽的問題。最後是一旁的丈夫打破了寂靜：「沒了。」美琪的眼淚從闔上的雙眼，潸潸流下。

兩個月後，當美琪意識逐漸清醒後，家人描述當天發生的車禍意外。原來那一天上學途中，他們的機車車尾被砂石車碰撞，當下兒子即慘死車輪下，美琪爬到車底下找小孩後，肇事司機竟發動車子，想倒車將美琪一起輾斃，避免日後官司纏身。幸好路旁的行人及時加以喝止，才救回美琪一命。

由於地處偏鄉，醫療資源相當有限，在地方醫院待了四個月後，美琪被家人接回家，由於脊椎嚴重撞擊，下半身全部癱瘓，必須終身與輪椅為伍，學校教職也沒有了。美琪此時彷彿只剩下半條命般，心裡仍充滿喪子的悲傷與自責。好不容易在半生半死中重新適應生活，只是禍不單行，半年後，自己一向倚重的丈夫，竟然因壓力過重，而離家出走，留下半身不遂的美琪，以及嗷嗷待哺的四個孩子。

在喪子、殘廢與失去丈夫的三重打擊下，美琪已是萬念俱灰，幾度興起自殺的念頭！但是回望身邊這四個年幼的兒女，她下定決心不能像丈夫一樣不負責，更不能置孩子於不顧，擦乾眼淚，她決定繼續「走」完接下來的人生挑戰。無法出門的她，只能在家中教教小孩子，做做手工，一點一滴地撫養孩子。四個經過家變的子女，變得分外獨立與成熟。

在生活求學各方面，靠著大帶小，儘量自己料理。少了丈夫與父親的庇護，美琪一家人，更加緊密相伴，孩子們先後完成大專甚至研究所學業，並各自成家立業。

就在美琪終於可以享受子孫滿堂之樂時，離家二十年後的丈夫，突然回家。美琪毫無怨言地接受這個男人的歸來。至於子女們，想到長年以輪椅為生的母親，能再次擁有父親作伴，也忍下心中的怨懟，選擇原諒父親。

美琪在將近四十年的輪椅生涯，經常需面對各種下肢癱瘓者所遭遇的疾病困擾，無論是褥瘡、小便困難、下肢萎縮等等不一而足。所幸上天賜與她一副好眼力，透過閱讀報章雜誌與電視，雖足不出戶，仍知天下事。畢竟是受過教育的知識分子，美琪對於親朋家人的問安與關切，都做得比任何人周全。也由於天生的好脾氣，許多鄰近的小學生也會跑來家裡問她功課，家長們乾脆聘她當「家教阿嬤」。美琪雖已七十多歲高齡，依然寶刀未老，教起小學生來，有聲有色，專業程度絲毫不減當年。

旁人很難想像這位過去在學校中活潑、樂觀、喜歡與學生為伍的小學老師，如何在面對車禍、失去兒子、下半身癱瘓，又遭逢先生離棄種種打擊下，從一片一片瓦礫中，重新拼湊生命？她又是如何能夠原諒肇事司機與遺棄她的丈夫，並且發揮大愛，擁抱更多的孩子？不認識她的人，純然透過電話交談時，都以為電話線另一頭是一位健康、開朗、與樂觀的老婦人，至於她如何能被困在輪椅上渡過四十寒暑，卻依然對生命充滿熱情，這就是美琪生命高度韌性的展現了。

/ 討 論 題 綱 /

1 請試著想像你無法用腳走路或者必須蒙上眼睛走路的情景，過程中你會遇到哪些困難？不同性別的輪椅族，在食衣住行育樂與醫療上，會遭遇哪些不同的問題？

2 如果美琪沒有遇到那場車禍，她的生活會有什麼不同？

3 為什麼美琪的先生會選擇離家出走？如果你是故事中的他，你會做何選擇？為什麼？

4 如果出車禍的是家中的男主人，你覺得美琪會離家出走嗎？為什麼？

5 美琪為何肯接受拋家棄子二十年的丈夫？子女又為何肯接受？如果反過來是媽媽離家，情況會一樣嗎？

輪椅人生

02　單車一世情

身體自主權　老人照顧

親子關係　成功的老化

　　風華正盛的十五歲，有人開始種田；有人變身土水師；有人進入工廠當第一線操作人員，而美鳳則正式加入賣豬肉的行列。她勤快、笑臉迎人、不偷斤兩，在短時間內成為爸、媽在攤位上最得力的助手，業績也一路長紅。爸爸很疼她，買了一部不知轉了幾手的腳踏車給她，從此，解決了單程半小時走到菜市場的辛勞，更讓她對自己有生以來的第一份禮物產生強烈的情感連結，下工後騎著它兜風，甚至連嫁妝都指定要單車一部。美鳳今年八十有餘，仍然每天騎著單車進行她的生活日常，市場、區公所、朋友聚餐、醫院看診，只要路可以「通」，美鳳的單車就會經過。

　　這六、七十年間的單車生涯，也遇過在巷弄中與摩托車擦撞意外。那一次，美鳳被抬進警察局做完筆錄，又被送進醫院急診，臉部縫了好幾針。這期間，由於肇事年輕人一直不肯認錯與賠償，目擊事故的計程車司機又不願出面作證，美鳳家人只好聘請律師，告上法庭。不料，案件竟然分給最烏龍的檢察官，不知他是對老人家有意見，還是壓根覺得上了年紀的人就不該騎單車，明明是被害人被傳喚到法庭問話，卻活像是犯後態度不佳的加害人一般被咄咄逼人地訊問。幾次出庭下來，美鳳幾乎精神耗弱，招架不住。最後家人不忍看到老人家受訴訟煎熬，決定回到調解委員會進行調解。

　　那是一個下著毛毛雨的午後，肇事者在家人陪同下，拄著拐杖出現，儘管露出一副「你想怎麼樣」的表情，卻自爆那次車禍後，自己騎車也被其他小客車撞斷腿，無法繼續打工等等。一旁的兒女聽完對方陳述後決定撤告，也不要求賠償

金了，只要對方帶上水果與鮮花，向美鳳本人致歉，從此一筆勾銷。年輕人聽後，緊繃著的臉龐突然間像卸下千斤重擔似的，露出既驚且喜的表情，欣然接受。於是當天下午，美鳳在家裡看到這位拄著拐杖、帶著水果及鮮花的機車騎士！

七十六歲那一年，可能是因為年紀的關係，慢慢發現腰部椎間盤突出，而變得寸步難行。由於疼痛引起沮喪，美鳳整個人像洩了氣的球般瘦了許多，常常覺得生不如死。農曆過年期間全家聚集在家，外面的天氣也晴得像是初夏的黃昏，美鳳沒有因為家人團聚而高興，反而不住地望著窗外的藍天白雲嘆息。大年初二，女兒們回娘家，嘆氣聲還是不斷傳出。還是二女兒懂媽媽的心，她召集兄弟姐妹們召開祕密會議，並且做出重大決定：初三家庭單車野餐日。隔天一早在祖孫三代浩浩蕩蕩簇擁下，美鳳再度跨坐上了她的愛車，全家結伴自基隆河畔單車便道出發。沒想到在家唉聲嘆氣的老人騎上單車後，整個人活脫脫重新活了過來！不但腰痛不見，雙腳還靈活地聽從使喚。結果那一趟單車之行後，年輕人個個大呼吃不消，只有美鳳依然樂此不疲，意猶未盡！

往後幾個月，美鳳在家人陪同下，經常到基隆河畔騎單車。她彷彿回到十五歲的奔放稚嫩，更恢復當年「橫衝直撞」的神勇，身上的病痛幾乎完全被拋諸腦後！由於她自小住在基隆河邊，舊地重遊引領她想起許多童年回憶。有一次行經汐止復興航空的罹難地點，她帶點感傷與幽默說：「機師很有眼光，這是一塊優美的河岸。」繞過關渡平原生態公園時，美鳳忘情地欣賞沿途河面上金光嶙峋的魚群、搖曳生

姿的白鷺鷥，與色彩繽紛的長尾鳥。騎經松山機場的外圍，美鳳迎著晚照，在夕陽餘暉中仰視群機起降。還有一次，美鳳一行人因為悠揚的樂音決定暫停下來欣賞街頭藝人的表演，「相思河畔」心起懷念，「三聲無奈」勾起憂傷。她掏出口袋內的紙鈔要為街頭藝術家盡點捐獻的誠意。可這年輕人婉拒了，美鳳問：「既然出來在路上演奏，為何不收錢？」沒想到對方竟帶著歉意，急忙解釋：「我只是在河邊練習，還沒領街頭藝人的執照，不能收錢。」從此美鳳成為音樂家的超級粉絲，每次行經對方的演奏角落，都會自動下車欣賞，以鼓掌代替捐獻。經過這麼帶動，年輕人很快就取得證照了，而且美鳳天性開朗的吆喝也為年輕藝術家吸引了觀賞人潮，更重要的是帶領著打賞的人都大方起來了。

　　還有一次，美鳳騎車途中忽然降下傾盆大雨！由於是有備而來的經驗騎士，她不慌不忙地穿起雨衣後繼續前行。騎到圓山附近，拾獲一支掉在草地上的手機，心想可能是來圓山一遊的旅客，遇雨情急，不慎遺落。回到家後，請兒子幫忙撥手機找主人。一個小時後，一位操著大陸北方口音的陸客，滿臉慌張地找到他們母子，看到美鳳拾獲的手機，如釋重負，感謝之餘，急忙掏出大把鈔票，想要犒賞。美鳳連忙拒絕說：「你一定有許多寶貴資料存在手機裡，弄丟了心裡肯定十分著急。手機被我撿到，是緣分，也是運氣。」

　　美鳳萬萬沒想到，在基隆河畔騎車，還可以進行國民外交，如此意外的收穫，讓她備感榮幸！就這樣半年後，美鳳臉色逐漸恢復紅潤，身體也更硬朗起來，兒女就為她安排脊椎減

壓手術，除了在四到五節的塌陷處加充填物，處理露出的神經，也意外除去殘留於一、二節脊椎之間，經常讓美鳳全身刺痛的針灸頭！

　　為了復建，醫生規定美鳳必須「禁騎單車」半年！美鳳每每想到再過不久便可以重新騎上她的愛車，在河畔的單車步道上樂不可支、呼嘯而去的景況，便不自覺地手舞足蹈起來！

單車一世情

/ 討 論 題 綱 /

1. 男女喜歡的運動項目有何不同？

2. 想像一下五十年後的你，在身心各方面會有什麼變化？

3. 請練習一下眼睛被蒙上或以單腳走路，將會遇到哪些挑戰？

4. 年長者適合哪些運動？年長者運動需注意哪些事項？

5. 舉例說明青少年、中年與老年在身心上的差別？

03 八仙塵爆後記

翻轉性別教育

外形容貌意識

身體意識　燒燙傷症候群

是詐騙集團嗎？

　　2015年6月27日晚上九點鐘，在家觀賞球賽的我，突然接到一通陌生的來電：「哥，我受傷了，快來救我！」最初，我以為是詐騙集團，但細聽下，確是小妹的聲音。「你怎麼了？」我問道，「這裡發生火災，我被燒傷了！」小妹無力地回答。於是我抓起另一支手機，通知在外的大妹，和她分別趕往八仙水上樂園。一路上遇到塞車與呼嘯而過的消防車，我心頭越來越不安。好不容易抵達八仙門口，準備在園區展開搜尋行動，但萬萬沒想到入園後舉目所見，宛如人間煉獄：到處是躺在香蕉船或救生圈上燒傷者的哀號；「漂漂河」中擠滿了受傷的民眾；空氣中傳來陣陣BBQ燒焦的氣味；還有地上隨處可見掉落的皮膚，散落在粉塵上……

找到小妹了

　　在近半小時的搜尋中，看到災後現場的「亂」與「慘」，但奇怪的是無論傷者或救災者，卻又出奇地從容與鎮靜，也沒有「人擠人」或「人踩人」。好不容易瞥見小妹，在一位陌生女子的看護下，全身覆蓋著濕毛巾，靜靜地躺在香蕉船裡等待救援。我想到今天下午小妹出門前，因要與同學參加八仙粉塵派對，而興高采烈的模樣，很難與此刻的她做聯想。不久大妹也趕到，兩人試圖把小妹的香蕉船抬起，但難以使力！幸好旁人協助，五、六雙手合力抬起，回頭卻看到小妹燒傷的裸露手臂，以及被燒得脫落的腳底板皮！

　　時間一分一秒流失，我強忍著淚水，輕拍小妹的面頰說：

「醒醒，不能睡，不能睡……」也不知繞過多少傷患與橡皮船，走了生平最長的一段路，終於抵達路口，叫到車子，直奔醫院！我一路上安慰漸失意識的小妹不能入睡，也看見車窗外警笛聲、車聲、人聲、哭聲，與八仙樂園慘澹的霓虹燈，漸行漸遠。

與生命拔河

好不容易抵達醫院急診室，醫護人員一接下小妹，立即送進開刀房手術清創，這時已經是晚間十點二十分了。好不容易兄妹倆在候診室坐下，大妹這才回神過來，表情中充滿劫後餘生的惶恐。我自己也好不到哪裡，好希望這只是一場惡夢罷！不久，其他塵爆傷患救護車陸續抵達，原本寧靜的急診室，頓時間動起來，所有醫護人員總動員，連休假在外的人，也都趕回醫院，為這些年輕傷患，進行生命拔河！

對不起，我跑錯方向了

其實，塵爆那一晚，小妹與一群來自香港、上海等地的同學，相約到八仙樂園辦同學會，大夥兒都希望在上大學前來臺相聚。只是一場粉塵爆炸，造成這些同學全身40%-70%的燒傷意外。

塵爆發生時，同學失散各處，生死未卜。小妹當時身受60%燒傷，入院後經歷手術清創、植皮等過程，但心中始終掛念其他同學的安危。甚至最初在醫院加護病房看到父母，面對幾乎崩潰的母親時，還一直安慰母親，甚至自責地說：

「媽，對不起，是我跑錯了方向，才會引火上身！」

　　往後的治療過程，她強忍著所有的痛楚，不曾掉過淚。一直到入院第三週，當我告訴同往八仙的同學中，有人轉進同間醫院後，小妹聽後再也忍不住地放聲大哭！看到她因雙手包紮而無法擦拭的一臉淚水，滿滿的掛心、自責、委屈與難過！好不容易同學來自四面八方團聚，原本歡樂、開心，即將展開的彩色人生，卻因為這場意外而變調。對於這群受傷的年輕人，接下來的人生，要如何面對？誰能給答案？

塵爆過後

　　而這一場史無前例、以年輕傷患為主的災難，也讓人看到臺灣溫暖的一面：醫護人員不分晝夜搶救的仁醫仁術；民眾人溺己溺、慷慨解囊，捐款超過十餘億新臺幣。街頭上不時有人踴躍捐血，為燒傷患者植皮手術所需而盡一份力。至於陸續出院的傷患也不忘為仍在醫院中搏鬥的人喊加油；活下來的人強忍悲痛為過世夥伴而奮鬥。更有不幸罹難的年輕人，捐出器官、遺愛人間。

為小妹等人加油

　　有次在加護病房餵完小妹早餐後，因復健所需，我有幸將全身包著紗布的她抱下床──這是自上回將她自八仙氣爆中救回後的首次擁抱，我滿心感恩，還能有機會再抱著小妹，朝向康復之路邁進。一個半月後，小妹終於轉到普通病房，看到她雖然四肢全打著石膏，但面色紅潤、積極正向、樂觀

助人，堅強的模樣令人心疼！照顧她的護理人員甚至打趣建議，她可以考慮改學醫護，因為幫她打針，多少劑量，她都能倒背如流，對於治療過程一清二楚。尤其將滿十八歲的她常常給其他病人說笑話，加油打氣。還有為來信鼓勵的友人，萬分艱難地滑手機，一一回覆。而朋友們的訊息也四面八方湧入，用LINE傳笑話、傳帥哥照等給她鼓勵……

儘管人生無常，但從沒有人會想到，小妹在十八歲生日時需要從背部與頭部，移植皮膚，來修護燒傷的四肢！相對之下，家人為此二十四小時在醫院輪值陪伴小妹的時光，反而變得如此寶貴！尤其父母自幼「愛家、護家」的家訓，在這一刻更顯得真實與深刻！

至於我也開始了解燒燙傷病人的各種傷痛與歷程，重新關懷如陽光基金會等社福機構的訴求。雖然我仍會擔心醫院裡的風吹草動，但我深信：在許多人的照護、禱告與祈福下，妹妹終究會走出困境。而在旁的我們，更需要透過持續的陪伴與支持，共同幫助這群八仙塵爆受傷者，早日走出人生低谷，重新走入人群。

/ 討 論 題 綱 /

1 什麼叫燒燙傷？你有過這些經驗嗎？

2 為何會發生爆炸事件？這些彩色粉末的主要成分
是什麼？粉塵爆炸的因素有哪些？你還知道哪些
意外爆炸事件？

3 塵爆事件有多少受害人？試描述事件對受害者所
產生的影響？未來生活將會發生什麼變化？

4 請找出一位八仙塵暴火吻倖存者的相關報導，以
了解其近況？

5 請說明一些曾經歷燒燙傷的患者，如Selina任家
萱等的復健過程。

八仙塵爆後記

案例解析
與
簡答 ▶▶

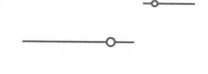

　　第一則故事〈輪椅人生〉中，若受傷的是家中的男主人，情
況應該大不相同。媽媽為了子女，有很大的比率不會離家出
走，大部分的原因除了是為母則強外，一般社會的觀念還是女
人拋夫棄子，就是不守婦道；男人拋妻棄子，就是有苦衷。

　　「為母則強」取自梁啟超《新民說》：「婦人弱也，而
為母則強。」意思是女人的身體雖然柔弱，但當她有了孩子以
後，因為天性中的母愛，往往會發揮出令人難以想像的意志力
（http://proj3.sinica.edu.tw/~cks/resource/2013/sinmin.pdf）。

　　當今社會中也有不少「為母則強」的案例，九十三歲的模範
母親張溫禮妹，為兒子們能夠擁有讀書的機會，竭盡所能地
四處奔波賺錢，柔弱的身體中爆發出的能量，向我們展示了
母愛的偉大（中時電子報：http://www.chinatimes.com/newspa-

pers/20140418001642-260107）。

　　本篇三則故事主要涉及「身體意象」（body image）、「身體自主權」（body autonomy）、「生理性別」（sex）、「社會性別」（gender）以及女性與家庭等議題。

　　「身體意象」是指我們如何知覺與感受自己的身體及身體各部位，是自我概念的一部分，是一種主觀經驗。

　　「身體自主權」是對自己身體管理與主張的權利與能力，能夠自主做選擇、做決定（陸偉明，2016）。

　　「生理性別」主要是指天生的、遺傳的，由染色體和表型決定。

　　「社會性別」是社會、文化與環境所決定。生理性別（sex）通常對應male和female，社會性別（gender）對應men和women。

　　故事一、二中的女性沒有因為身體的殘疾或年齡的限制，就放棄肢體活動的機會，依舊能在自我生活和家庭生活中做好權衡，並拓展出常人覺得不可思議的領域。

　　而故事三中八仙塵爆的受害者，在遭遇燒傷後經受的身、心痛苦和復建的歷程。究竟燒燙傷的程度是如何加以辨別？不同的程度會有不同的療程嗎？原來醫生們會根據傷口部位、面積大小、與燒燙傷的深淺度，進行分級標準。

　　陽光基金會將燒燙傷程度，區分成一到四度（https://www.sunshine.org.tw/service/index/scald/burn-intro）：

一、一度燒傷

　　屬輕微程度，燒傷深度僅達人體表皮淺層，症狀包括皮膚發

紅、腫脹、有明顯觸痛感，多數人可在三到五天復原，且不會留下疤痕。

二、二度燒傷

可分為淺二度燒傷及深二度燒傷。前者多僅傷及人體的表皮層及真皮表層（約三分之一以上），會出現皮膚紅腫、起水泡，與劇烈疼痛及灼熱感。多數患者可在半個月內痊癒，但可能出現疤痕。至於深二度燒傷，皮膚會呈淺紅色、起白色大水泡，皮膚組織受到嚴重破壞，反而比較不痛。一般患者雖可在一個月內復原，但因有明顯疤痕，需儘早植皮治療，以避免傷口感染及其他併發症。

三、三度燒傷

因傷及人體的全層皮膚，使得皮膚呈焦黑色，甚至蒼白色，皮膚變得像皮革般乾硬。因色素細胞與神經都遭破壞，疼痛消失。但在治療期間需要反覆清創治療，與植皮治療。此時，皮膚已無法自行癒合，會留下肥厚性疤痕，影響日後肢體功能。

四、四度燒傷

傷及人體的全層皮膚、皮下脂肪組織、肌肉與骨骼，導致所有組織壞死與呈焦炭狀。患者必須靠皮瓣（即由具有血液供應的皮膚及附著的皮下脂肪所共同形成的組織）補植治療與電療等特殊處理，有些患者需要截肢。

一度燒傷的患者，燒傷面積較小，可以在家自行處理，但二度以上的傷患，就必須送醫治療。

如此次八仙塵爆患者中，大多為兩度以上燒燙傷，就必須送醫急救。從妹妹住院以來的救治過程，大概有以下四個階段：

一、「搶救生命」的治療初期

當三度以上患者送進醫院後，首要任務是維持患者的生命現象。此時患者皮膚等已經接近壞死，多數傷者在感受不到痛的情況下，往往會失去意識。因此，救護者除讓傷者保持清醒，以維持人體正常運作。為了避免患者失血過多而血壓過低，此時需要以大量的靜脈輸液，維持患者的血壓與生命跡象。

二、「皮膚復健」的痛苦期

皮膚復健期是傷患最痛苦的階段。燒燙傷的皮膚如超過二度以上，不論是否植皮，都可能出現疤痕。燒燙傷面積越大，疤痕攣縮機會越多，肢體功能受阻，以致日常生活無法自理。此外，深度燒燙傷者，必須持續進行復健，如此才能改善神經損傷、截肢、肢體變形或肌肉萎縮，所產生的問題。

三、「功能復健」的疤痕壓力治療階段

到了這一階段，著重幫助患者進行身體各項功能的復健，也是「疤痕壓力」治療的關鍵期。在燒燙傷口逐漸癒合的同時，此時疤痕也跟著增生，且皮膚會出現「紅、凸、硬、攣縮」等狀況。為了控制疤痕增生，常利用「壓力」來治療，如：穿壓

力衣、戴面膜、與壓力墊等，透過對新生的疤痕持續均勻施壓，減輕皮膚組織腫脹，使皮膚的生長較為正常。如果病人一切順利，也可以出院返家。

四、「社會復健」的返家療癒階段

患者和家人到了這個階段，可能出現的問題包括：創傷壓力症候群、悲傷失落、傷口痛和癢的易怒與鬱悶、以及漫長復健的挑戰等。此外，因個人的改變，帶來一連串人際關係的改變、外界對於穿壓力衣及受傷外貌的異樣眼光，求學與工作的困擾等。

參 考 影 片

1. 辜振甫（監製）、李行（導演）（1978）。**汪洋中的一條船**（原作者：鄭豐喜）。臺灣：中央電影公司。

2. **用腳飛翔的女孩-蓮娜瑪莉亞**（alicehengsk，2011.04.04，YouTube）
https://www.youtube.com/watch?v=N_l1lwNeKpY

3. **尼克的故事**（alicehengsk，2011.04.04，YouTube）
https://www.youtube.com/watch?v=knpigUuVg-k

4. Arthur Penn（導演）（1962）。**海倫凱勒**（英語：*The Miracle Worker*）。美國。

5. **Selina勇面對傷疤燒傷照曝光**（台灣蘋果日報，2014.07.15，YouTube）
https://www.youtube.com/watch?v=E8XYuBXkfNo

6 八仙塵爆兩週年，鬥士浴火重生！（台灣啟示錄，2017.06.19，YouTube）
https://www.youtube.com/watch?v=_YA5eqZLRHA

7 最愛還是她（WILLYMILLY）（TOASTnJAM，2017.03.21，YouTube）
https://www.youtube.com/watch?v=S6TQ_AY29U8

8 那須田淳、津留正明（製作人）、高成麻畝子、吉田健（導演）（2007）。**父女七日變**（日語：パパとムスメの7日間）【電視劇】。日本。

9 尼克休倫（導演）（2006）。**女男變錯身**（英語：*It's a boy girl thing*）。加拿大：Rocket Pictures。

翻轉性別教育

第 3 篇

▶ 性別與性別認同

愛上男人的丈夫

和媽媽坦誠

01 愛上男人的丈夫

性取向

同性婚姻　性行為

生理性別　心理性別

同志運動　身體意象

多元成家　社會性別

性別歧視　家庭與婚姻

淑君和清華從小就認識，一起長大。清華溫文儒雅，對待淑君就像自己的妹妹般疼愛有加。念大學的時候，雖然分別在不同城市，但淑君常常利用假期去看他。面對這樣一位青梅竹馬的好友，很自然地後來雙方變成男女朋友。有一次，淑君在沒有告知對方的情況下，突然到宿舍找清華，給他一個驚喜！只是應聲開門的室友衣衫不整，看到來人後，悻悻然地奪門而去。

大學畢業後，在周遭朋友先後成家，雙方親友的催促與祝福下，淑君與清華終於步入禮堂，共組家庭。幾年後，兒女陸續來報到，清華努力身兼父親與丈夫角色，維持一家溫飽。只是後來淑君經常看到他獨自一人待在角落，一整天若有所思、不發一語。淑君在忙於照顧小孩之餘，逐漸發現清華在婚姻中，似乎並不快樂，並且喜歡整晚待在書房工作。出差的時候，也很少提及去哪裡、做什麼事。總之，兩人越來越沒有共同話題，越來越疏遠。淑君可以感受到清華心中似乎暗藏某種不為人知的苦衷，甚至出現掙扎。

直到有一天，孩子就寢後，清華決定找淑君長談。他十分誠懇地告訴淑君他如何愛這個家庭，也很感謝淑君陪伴他一同走過如此長久的歲月。只是清華有一件事始終瞞著家人，那就是他覺得跟淑君只能維持著「姐妹般」感情，即使成了夫妻，也是同床異夢，自己越來越感到空虛與寂寞。清華更進一步坦承，這些年來，他在外面一直有要好的「男朋友」，就是他大學的那個室友。他覺得每次跟他在一起，更快樂與更自在。最後清華問淑君，能不能離婚，好讓他跟那位室友一起過生活。

　　這一席話，讓淑君宛若遭遇晴天霹靂，她無法接受這個從小認識到大的青梅竹馬，竟然隱瞞自己的性向，又跟她結婚生子這麼多年，到了最後竟然還是選擇出櫃。當下，淑君整個人崩潰似地在丈夫面前痛哭失聲，想到即將失去眼前這位從小喜歡的男人，尤其兩人之間的小三，竟是那個匆匆離去的男生，淑君絲毫沒有與他一較高下的機會！經過幾週的考慮後，淑君不得不忍痛放手，重新出去工作，獨自撫養孩子，並祝福清華能夠找到真正的幸福。

　　十多年後，這個離婚後毫無音訊的清華，突然意外與淑君聯繫。電話彼端清華的說話聲有氣無力，在問了淑君與孩子的近況後，竟問淑君，是否願意接納他回家，因他已是愛滋病末期。

　　不久，清華重回家園，相較於十多年前離家時的精神煥發、神采奕奕，淑君眼前站著的是個骨瘦如柴，弱不禁風的男子，需要靠她的攙扶，才能走進客房，一路上不斷氣喘吁吁。往後那幾個月，兩人像當年一般無所不談。清華緩緩回溯兩人的過往，以及後來的離家。早在青春期，清華就發現自己似乎與周遭的男生不一樣，國中時還和班上男同學談戀愛。上大學以後，他選擇跟同性室友住在一起，更加確定自己喜歡的是男人。只是後來禁不起親朋好友的催促與壓力，加上不忍心傷害淑君，決定結婚，並嘗試過著雙性戀的生活。然而，幾年下來，清華生命中的缺口始終無法填補，最後只好選擇坦承與離婚。

　　離開之後，他重新搬去和室友住在一起，由於兩人關係沒

有法律上的保障，加上世人對同性戀不了解，一路上遭遇許多異樣眼光，包括：租屋、找工作等等不時受到歧視。同志之間不易找到真愛，不久後兩人也出現更換性伴侶的問題。清華室友在有了新歡後，離他而去。直到兩人再相見的時候，室友告訴清華，已驗出有愛滋病，接著清華也同樣被證實為帶原者。幾年下來，隨著病情的發展，清華身上的免疫系統越來越差，健康越來越走下坡，終於不得不鼓起勇氣，表達希望在過世前回家的心願。

　　至於淑君，這些年雖然承受著單親家庭的辛苦，但她卻很感謝清華能夠賜給這兩個孩子。尤其在清華時日不多的日子裡，願意由她照顧到最後，並且透過清華的自身經驗分享，讓她進一步了解同志。雖然淑君無法與清華的男友們較量，但她依舊感激這些人，讓淑君更加肯定，永遠都愛著這個勇敢追求自我的「男人」。

翻轉性別教育

/ 討 論 題 綱 /

1. 異性戀與同性戀有哪些不同？在全世界人口中，各大洲所佔比例為何？同性戀形成的因素有哪些？何為先天與後天的成因？

2. 故事中的淑君為何一直沒發現清華的性向？她曾說過：「最痛苦的事莫過於自己無法與清華的愛人競爭。」這是指什麼？清華為何選擇結婚後又離婚？請揣摩他的心路歷程。

3. 清華與淑君需要告訴孩子們父親離家的真正原因嗎？為什麼？

4. 何謂愛滋病？病發原因與病情發展歷程有哪些？有哪些治療方式？同性戀染上愛滋病的比例為何？有比異性戀高嗎？為什麼？許多國家都規定外國人入境工作都需附愛滋病檢驗證明，為什麼？

5. 什麼是安全的性行為？

愛上男人的丈夫

02 和媽媽坦誠

出櫃 ▸　家人的無法接受 ▸

性別認同 ▸　性取向 ▸

「不可能，我的兒子不可能是同性戀！你不要騙媽媽，你大學時候不是交過女朋友嗎？」曾媽媽聲淚俱下，她看著跪在跟前的兒子阿城，根本沒有辦法接受兒子說自己喜歡男人這件事。

「是不是媽媽把你逼得太緊了？媽媽不給你相親了，兒子啊，你爸爸走得早，媽只有你了，媽媽不逼你結婚了好不好？求求你，你不要嚇我⋯⋯」

「媽，我沒有騙你，我真的喜歡男生，我沒有騙你，我有男朋友！」阿城幾乎是顫抖而又堅定地對媽媽說道，他已經準備了好久，這次回來決定把這件事告訴媽媽。

只聽見「啪」的一聲，曾媽媽把客廳桌上的花瓶摔碎在地上，「你這不孝子！你讓我以後怎麼面對那些親戚！你要讓曾家絕後嗎！你給我滾⋯⋯」

* * *

阿城大學期間的確交過女朋友，當時的他只知道班上其他男生都開始找女生談戀愛了，他覺得自己也應該這樣。和女友交往期間，約會、擁抱、接吻，以及發生性關係，所有一切都和其他情侶一樣，並無異處，也並沒有覺得不適。後來，因工作關係和女友分開。恢復單身後的阿城一次與朋友在bar喝酒，偶然接觸到了一群gay友，心裡竟有了絲絲漣漪。據阿城口述，他是從那時候開始有了對性取向和性別認同的思考，他開始回憶起自己好像從國小的時候起，就和其

他男生有點不一樣，例如他會喜歡看男生的身體，喜歡和男生一起玩，從來沒有主動追女生的想法。只不過有時候會在周邊朋友起哄下，為了不讓自己顯得不一樣，才嘗試交幾個女友。但那時候的他並不懂為什麼會這樣，他甚至懷疑過自己是不是有病。

也是在bar認識到gay友的機會，阿城覺得自己好像找到了「盟友」，原來世界上不止他一個人是這樣的。後來，他開始交了男友，兩人感情很好，一直交往到現在，但戀愛期間的辛酸也只有他們倆才知道。記得兩人剛開始在外同居的時候，周邊鄰居問起來，他們總是回應說是表兄弟，曾媽媽來阿城工作的城市看望他時，也都介紹說是公司同事一起合租房子。

這次，阿城想和媽媽坦誠，他鼓足了勇氣和媽媽說明，也預想過媽媽聽到後的無數種可能反應，但他覺得不能再這樣隱瞞下去了，他不想再繼續欺騙媽媽，也不想讓伴侶每天活在擔心害怕中。他說：「我這樣成天偽裝地活著好辛苦，真的好辛苦，我想要對自己坦誠一點，我想要卸下這個包袱過日子，我不害怕其他人的目光，我現在只在乎我愛的這兩個人……」

就這樣，後來阿城被媽媽從屋子裡趕出去後，兩年他都沒有再回過家，但他會不時打電話問候媽媽，和媽媽心平氣和地溝通，繼續說明自己的情況。沒想到，幾年時間曾媽媽被說通了，從一聽到兒子跟她說自己喜歡男人這個事馬上就掛電話，到後來不再暴跳如雷或悲痛交加，開始慢慢變得接受

了。但曾媽媽在電話裡頭還是對阿城說了一句話：「兒子，你感到快樂幸福就好，媽媽也老了，不再摻和你的事了，但媽媽還是希望你不要把這件告訴大姑大姨這些親戚，就媽媽知道就好……」

/ 討 論 題 綱 /

① 何謂性別差異（生理性別、心理性別、社會性別）？何謂性別認同？

② 社會上有哪些「同性戀迷思」？

③ 同性戀者選擇出櫃，可能會面臨哪些壓力？

④ 何謂多元成家？國內外關於「多元成家」的討論議題有哪些？

⑤ 試想一下，有一天當你醒來，性別改變了，你將如何度過接下來的一生？

和媽媽坦誠

案 例 解 析
與
簡 答　▶▶

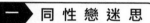 **一 ▶ 同 性 戀 迷 思**

　　目前社會上還有很多人不了解同性戀，對同性戀存有誤會和偏見，例如認為同性戀是精神病，其感情與行為的異常會阻撓社會發展；或將同性戀等同於戀童癖、換裝癖，認為同性戀私生活混亂，傳染愛滋等，是社會黑暗裡見不得光的一群人。

　　其實在1974年時，美國精神醫學學會就將同性戀從心理疾病診斷分類中剔除，並指出同性戀只是常態性行為的差異，只有自壓型同性戀（無法認同自己是同性戀者）才需要治療。也有相關研究發現，80％的換裝癖者是異性戀，10％-20％的男同性戀者會打扮成女性模樣。女同性戀中的換裝癖者，則是少數。

　　多項研究也證實，大部分的同性戀者滿意自己的性別，也不排斥異性，他們只是寧可與同性維持性或情愛關係。再者說到猥褻孩童，大部分案情都是異性戀者所為，尤其是有關男老師

猥褻學生的案例上，絕少是由同性戀傾向的男老師所為。根據
《紐約時報》的估計，全美國的男老師中有十二萬到二十四萬
是同性戀，而在紐約所發生老師對學生的性騷擾案例中，無一
是男同性戀者所為。

　　一開始，AIDS曾被認為是上帝對同性戀者的處罰。如今，在
感染AIDS上，異性戀與同性戀有相同的機率（廖玉琴，2003）。

　　大部分的研究發現，同性戀和異性戀的戀愛歷程是差不多
的，同志在戀愛族群中算少數，但不表示同志一定較「難」找
到對象。同性戀和異性戀伴侶爭吵的事情是同樣的，會不會比
較容易分手，與是不是同性戀無關，但同性戀能不能繼續走
下去的確有一個關鍵因素，就是「要不要公開兩人在一起」這
件事。因為文化、家庭、與社會的壓力，很多人不願意公開出
櫃。事實上，要不要出櫃、要和誰出櫃、出櫃多少、要不要提
及對方是誰等等，著實影響彼此的關係。

二　婚姻合法化

　　2017年5月24日，臺灣憲法法庭做出釋憲，推翻了《民法》
將婚姻僅視為在男女之間有效的定義，為臺灣成為亞洲第一個
承認同性婚姻的國家鋪路。但在2016年11月臺灣的一份民調
（鍾麗華、林良昇，2016）卻顯示，目前臺灣支持同性婚姻
的人為46.3％，而反對的則為45.4％，其中男性比女性反對的
多，中老年人比年輕人反對的多，低學歷的比高學歷的反對的
多，有宗教信仰者較無宗教信仰者持反對意見的多。反對的主

要是擔心同性婚姻合法後會破壞傳統的家庭倫理、婚姻制度，導致社會無法傳宗接代和延續，並且認為這會禍及兒童教育，從小就把孩子教成同性戀。但支持同性婚姻的人則認為這些只是杞人憂天、恐嚇公眾意味居多。

三 同性戀不是教出來的

Huggins與sharon（1989）將三十六個13-19歲的青少年分為兩組，一半青少年的家長為女同性戀，另一半的家長為異性戀。研究結果發現，由女同性戀撫養的孩子，在自尊上與異性戀家長撫養的孩子並沒有顯著的差異。

換句話說，從上述研究看出，同志領養家庭長大的孩子，他們的身心狀態和一般小孩並沒有不同。且同性戀也由異性戀所孕育而生，與其擔心家長的「性傾向」，我們更應該關注的是如何帶給孩子溫暖的家庭環境和正直的人格培養。

四 性別角色

性別包括三個層次的意涵：

一、生理性別（sex）

生理性別，是從生物學的角度區分兩性間先天的生理差異，來自於遺傳和生物的結果，大致上，人類在出生時，生理結構上即有明顯的差異，這也是判別生理性別的方式（王振寰，2009）。

案例解析與簡答

二、心理性別

心理性別，則是個體主觀上認為的自己的性別，由自我主導。

三、社會性別（gender）

社會性別，即在不同的社會中，對應個別所處的環境對於性別的期待，自然會有其不同的文化型態，因而具有不同的性別期望、角色與互動的存在。因此，經由後天的學習之後，男性與女性就在行為、性格上產生了許多差異。

參考影片

1. 李安（監製、導演）（1993）。**囍宴**。臺灣：中央電影公司。

2. 黛安娜・歐莎娜等（監製）、李安（導演）（2005）。**斷背山**（英語：*Brokeback Mountain*）。美國：焦點影業。

3. Christine Vachon等（監製）、Kimberly Peirce（導演）（1999）。**男孩別哭**（英語：*Boys Don't Cry*）。美國：IFC Films。

第4篇

▶ 性別與職場

01 為何我只能當副手

男女職場升遷

天花板效應　男女家庭角色

彩玲從小就是一位樂觀開朗的人，朋友都知道她不但能言善道，更是做事的高手。從學生時代參加籃球校隊開始，她就充分發揮了四肢發達、頭腦不簡單的特質，加上外表出眾、身材高挑，從學生時代就不乏追求的男性。上了大學之後，除了忙課業之外，她更是積極參加社團，很快便成為社團中的重要幹部，甚至被推選為社長。雖然追她的人很多，可是都被她以課業繁重、社團繁忙等理由，一一婉拒。

一直到了大學畢業之後，好不容易考上公職，分發到某縣市擔任科員。因為工作認真、負責，很快就獲得長官的賞識，常常交辦重要事項。就在這段期間中，隔壁辦公室的男同事，經常藉故過來請她幫忙，甚至陪她深夜加班、送宵夜，送她回家，十分殷勤體貼。就這樣近水樓臺，幾年下來日久生情，很自然地成為男女朋友，進而結婚，成為夫唱婦隨、同進同出的辦公室佳偶。兩人經常一起騎著機車上下班，由於彩玲工作比較忙碌，必須經常加班，一開始先生也會在旁耐心等候，一起回家。幾年後，彩玲終於懷孕，即將成為人母，只是因為害喜嚴重，加上工作負擔沉重，彩玲有時難免自顧不暇，無法像過去一樣，下班回家燒菜，陪先生逛體育用品店等活動。先生一開始沒有表示意見，但到了彩玲懷孕七、八個月時，先生開始早出晚歸，回家經常講手機，對她說話也心不在焉，有一搭沒一搭地顯得不耐煩。有幾次甚至以出差為由，在外過夜沒有回家。到了懷孕第八個月的時候，某一晚先生照例遲歸，沒想到一進家門，全身酒味，步履不穩。禁不起彩玲的質問，小夫妻三句不和，先生

竟然動手打人，嚇得彩玲抱著肚子、打著赤腳、穿著睡衣，幾乎可用「奪門而出」四個字來形容當時的慌張情形！

　　事後，彩玲側面打聽得知，在這段期間，先生在外面認識了一個小三，由於對方也認識彩玲，經常在先生面前譏諷彩玲如何能幹與深獲長官賞識，工作表現各方面都遠遠超過先生，讓先生自覺配不上彩玲……。結果夫妻的感情出現裂痕，加上先生三不五時會動手，兩人內心越行越遠。彩玲一直忍到孩子生下之後，終於找先生談判，協議離婚。彩玲甚至還將婚後自己辛苦貸款買的房子，全數交給先生，交換兒子的監護權。就這樣她一個女人家，右手提著一個皮箱，左手抱著還在強褓中的嬰兒，難過地離開了這個傷心地。往後幾年，彩玲身兼數職，白天在職場打拼，晚上從保母家接回孩子，洗澡、說故事、哄孩子上床之後，還繼續讀完研究所課程。

　　彩玲不只毅力過人，體力也十分驚人，雖然每天睡眠極少，但每次進辦公室都是神采奕奕、笑容滿面，尤其很會帶領新人，常常鼓勵後進。尤其彩玲在崗位上做事明快、料事精準、認真負責，其能力往往超過她的男性上司。好在她為人低調，不爭功的個性，讓人更顯親近。後來她又被調升政府中央部會，擔任十二職等的主管，工作表現更是有目共睹。只是好景不常，一回遇到國內地方選舉，一向器重她的長官，擔心某位候選人選情告急，竟然要求彩玲辭官下去幫忙輔選……。這一年彩玲離退休還不到兩年，長官的要求讓彩玲非常掙扎，在公私難以兩全下，彩玲只有服從長官指

示，辭掉公家現職，孑然一身來到地方，投入選戰工作。果
然彩玲是一個不可多得、智謀雙全的幹才，她的辭官投入，
不但引起社會轟動，造成話題，更讓選舉團隊士氣大振，很
快地民調指數不斷攀升，幾個月後，該候選人果然高票當
選。彩玲的自我犧牲，功不可沒！只是競選期間，彩玲難免
得罪對方陣營，使當選首長不敢聘用彩玲進入政府團隊。一
時之間彩玲變成了無業遊民，幸好幾個月後，當年勸她辭職
的長官，過意不去，才安排她進入所屬的出版公司任職。從
公家單位到營利單位，彩玲憑著過去一身練就的好功夫與人
脈，很快調整自己的身段，從頭學習企業經營與會計等專業
知識，努力打拼精神，很快就升到總經理的職務。在新的生
涯逐漸順手、公司業績蒸蒸日上之際，沒想到這一家出版公
司，竟然被國外的集團併購。而擔任總經理的她，也是簽約
前幾日才被告知，彩玲又再度中年失業了……。

翻轉性別教育

/ 討 論 題 綱 /

1 何謂職場上的「天花板效應」？

2 請問臺灣的男女勞動力參與率為何？

3 什麼是職場常見的「男尊女卑」現象？

4 故事中的彩玲在生涯遭遇了哪些性別與職場常見的問題？

5 如果太太的能力與薪資都高於先生，太太通常會有哪些挑戰？

為何我只能當副手

02 校內藏鏡人

性別平等教育　男女分工

角色差異　刻板印象

　　曉風因為工作的緣故，經常要到高中進行訪視。某日她來到南部一所知名的高中，在與校內理科教師接觸之後（多數為男性的中年教師），發現這些老師對於該校可能獲選成為性別平等教育中心學校，並且可以獲得資源，為學校舉辦一連串推動性別平等的活動，抱持冷眼旁觀的態度。最明顯的是，當曉風訪談這些老師時，大都表示：這是校內輔導室所爭取來的，事實上我們上的理化、數學課程，很難把性別教育的概念投入其中，真的要推也是非常有問題的。也有老師質疑：我們這些老師都尚未受到性別教育相關訓練，如何教學生呢？而且性別平等教育是否為了爭權？在學校教性別教育是一回事，回到家還是要過自己的生活，不必再去爭什麼性別是否平等這些問題。

　　有趣的是，另一位女性軍訓教官提出不同的看法，她說：在學校中面對整個軍訓室幾乎都是男性的情況下，身為女性在推動性別平等教育的過程，備感艱辛，包括因舉辦性別活動而需調課、找人幫忙及參與上，經常受到軍訓室男主管的刁難與諷刺。連全校性教師性別成長團體的參加成員也以女性居多，而且有不少是單親，或者是在婚姻關係中曾經有過困擾經驗的教職員。所以這樣的一個教師成長團體，在校園當中無形地被貼上標籤。

　　最後，此校推動性別平等教育中最諷刺的地方，在於校長調動的緣故，新校長出現與前任校長截然不同的做法，要求過去一直沿襲下來、對於推動性別教育充分授權方式，重新由校長個人來負責，並且對於原來承辦的主任有不同的看

校內藏鏡人

法，認為這樣的推動只是關係她個人的前途，並沒有為學校帶來太大的效益。在溝通過程中，校長甚至認為承辦的老師有越權之嫌，所以多方予以刁難。最後逼得承辦的老師不得不辭掉行政工作，而暫時將性別推動工作告一段落。

　　類似的情況也出現在大學中。某次大學校長遴選過程中，一位科大女副校長參加東部一所國立大學的校長遴選時，席間竟遭到遴選委員帶有性別歧視的質詢，例如對女性候選人提出：「你先生住哪裡？」而不會問男性候選人：「你太太住哪裡？」尤其只針對男性候選人質詢「如何治理學校」等專業問題，卻跳過女性候選人同等類型的問題，質疑「女性的募款能力會不會差一點」，充滿了女性婚後嫁雞隨雞的預設立場，發問背後明顯流露性別歧視心態，導致女候選人落選。因此，女候選人事後深受侮辱，而對教育部以及該委員提出法院訴訟，並要求他們應連帶賠償及登報道歉，結果獲得勝訴。這一判決對揭發與平息國內職場與大學中的性別歧視現象，具有里程碑的作用。其中這位充滿性別歧視心態的遴選委員，言行舉止顯然違背了我國自1997年教育部設置「兩性平等委員會」以及2004年通過《性別平等教育法》的精神，成為該部推動全國校園性別平等教育的反面教材！幸好該案發生後，教育部提出在《國立大學校長遴選委員會組織及運作辦法》中增訂「大學校長遴選委員會任一性別比例不得低於三分之一」等補救措施，希望藉此改變現行以男性為主的大學校長遴選委員會的做法。[1]

---

[1] 參見網址 http://campaign.tw-npo.org/200808808195700

　　由上述案例進一步檢驗大專院校內師生的性別比例，可以發現全臺灣近一百六十所大學，女性校長竟然只佔個位數字，並且大專院校中女性一級主管比例也不高。如此男女性別落差，反映教育部門近年來在推動性別平等教育上的盲點，尤其是學術菁英的場域，為何女性依然難以出頭，原因何在？值得探究。

/ 討 論 題 綱 /

1 何謂「傳統男女行業」？

2 請問如果你的工作環境充滿著異性，成為少數族群的你，如何預防可能遭遇的性別偏見言語？

3 請舉兩個例子，說明在學校中曾經遇到的性別歧視案件？

4 臺灣的女性大學校長比例為何如此之低？

5 如果你是曉風的話，你如何安慰故事中的女教官？

校內藏鏡人

03 我害怕成功

男女平等 男女分工

角色差異 刻板印象

指南山城中
金釵的故事

就大多數女性而言，七年級這一代人算是最幸運的了，出生在一個進步繁榮的社會，毋需受到裹小腳、足不出戶的約束。而且女性也逐漸擁有和男性一樣公平的機會與待遇；在家庭裡同樣受到父母的疼愛，在學校中與男同學一起學習、共同競爭，在社會上受人尊重，與男性同酬同工。此種情況在某些國家（如日、韓）就不一定如此，對一個世紀以前的女性，也是天方夜譚式的夢想。

或許是一種巧合，怡婷在就讀研究所時，班上正好清一色是女性，於是她們自詡為指南山城的「十一女金釵」。在這些女同學中，有的已在社會上服務，有的方從大學畢業，當時都未婚，並對未來充滿信心與希望。

記得研究所開學第一次上課，有位號稱黃金單身漢的教授步入教室時，看到清一色的「娘子軍」，表情十分詫異。後來那堂課臨時被改成「現在女性畏懼成功的心理探討」主題，教授逐一詢問每個女生就讀研究所的動機與心態。課堂中，師生們從傳統婦女的角色演變，探討到現代女性角色扮演的多元性；從社會風氣的開放、教育機會的均等、經濟生活的獨立、法律政治上的公平等方面，說明現代婦女追求個體自主的多種因素。

教授接著說：就在女性尋求平等、獨立的同時，另一種矛盾心理隨之產生，尤其對接受高等教育的女性而言，學歷可能是另一種負擔。就女性本身而言，一方面希望在學業或工作上有好的表現以發揮所長，但一方面又恐個人學歷太高、工作表現太好，予人壓力或不良印象，尤其是在面對自己的

我害怕成功

男友或先生時。至於對他人而言，有些父母總認為女兒終究要嫁為人婦、步入廚房，太多的教育可能會影響她安於做家庭主婦的心理，或者造成學非所用的浪費。

　　的確像怡婷這些從小成績優異的女孩子，在求學階段，不時會遇到一些「女子無才便是德」的提醒，認為外表柔順、善解人意型的女孩，比精明能幹型的女孩更具女性魅力。而怡婷這樣日後受高等教育，學有專精、工作幹練的時代女性，又會讓人猜測是否會不屑家務、忽略女性的天職……。於是女性在接受高等教育的學習過程中，經常出現上述的角色認知衝突，徘徊在傳統婦女與現代角色、個人意願與他人期待中，一方面要求獨立、自主與自我實現，另一方面又畏懼「成功」所可能帶來的損失。

　　怡婷認識一位在大學任教的女教授，身兼行政、教學、研究以及家庭主婦多種角色，平日在學校中主持校務、從事研究與教學，工作相當忙碌，回到家又需侍奉公婆、照顧先生和子女，操勞家務。怡婷請教她如何安排忙碌的一天，她回答：「白天在學校，下班後忙家務，等到夜裡全家大小就寢後（通常已是半夜），才是真正屬於自己讀書、研究的時間……。」

　　曾有人勸這位教授不要太累，需減輕負擔，甚至放棄工作。然而從學生時代，她就希望能夠事業有成。畢業後結婚，與先生經過一番協調，終於互相體諒、彼此配合。她說：「既然決定做職業婦女，就要有心理準備，認清自己扮演的角色，才不會有所偏失。」在怡婷眼中，這位老師是一

位極懂得角色調適又十分有毅力的人，能隨時自我調整又善於分配時間，難怪在家庭與事業上都相當愉快而稱職。

最後，教授鼓勵在座的女同學，既然有幸接受高等教育，不妨將「畏懼成功的心理」轉換成對本身的「角色認知與調適」，在個人扮演各種角色時，根據自己的意願，參考現實的需要，能夠因時、因地、因人隨時調整，知所選擇。

/ 討 論 題 綱 /

1 何謂「畏懼成功的女性心理」？

2 當有人對你說：「女子無才便是德」這句話時，你會如何回答？

3 為什麼「男主外、女主內」的觀念難以突破？請找出可能改變的方法？

4 有人說：「臺灣的少子化現象是因為女性受教育太高，不願生小孩。」你同意這樣的看法嗎？為什麼？

5 有些行業比較多男性，如：大學教授這一層級，理工科系也以男性居多。請問為何上述職場與科系，會有這些性別隔離的現象？

我害怕成功

04 男女薪資大不同

翻轉性別教育

同工不同酬 ▸　　男女分工 ▸

角色差異 ▸　　天花板效應 ▸

林幼幼老師初任大學教職時，常被誤以為是林太太，也常在公開的學術場合中，被主持人介紹為「林小姐」，而非「林教授」。後來，根據幼幼針對臺灣地區大學教師的抽樣調查發現：

「女性教師的校內外總收入顯著低於男性；女性較難升到教授一級，且升遷速度較慢；女生較少有擔任高級主管的機會；男性對於學術獎酬中之性別差異問題較不注意；人際網絡的建立與擴展有助於提高男性收入；在升等上，博士學位對女性比男性更加重要；負擔家務對男性收入的負面影響遠較女性來得大；已婚女性每週平均較男性多做十六小時以上家務事。」對女性而言，由於越到高階層，越難被納入決策核心與人際網絡；因此，越到教授一級的升等，女性所面臨的困難也越大。

◆以共同合作研究的風氣來看，儘管有科系的不同，臺灣的大學教師較美國教師傾向單獨作業；究竟這是由於國內教育政策甚少鼓勵跨校或跨系的合作研究，或者有其他因素使然，仍有待進一步探討。不過臺美教師共同印證的一點是：男性的總收入會因人際網絡的拓展而提高；反之，獨立作業則代表男性收入較低。

◆以配偶是否也從事學術工作而言，臺灣的研究結果恰好與美國的相反。在臺灣，另一半也在學術界工作反而成為大學教師收入的負預測變數，換句話說，配偶也在學術界工作的

男女薪資大不同

人，收入通常比較少。究竟這樣的結果是因為在臺灣，雙薪
家庭經濟較不虞匱乏，以致不需任何一方格外努力賺錢，或
者因夫婦兩人皆在學術界服務，較重視精神層面，反而忽略
金錢追求的緣故，原因尚需進一步證實。

◆以負擔家務而言，臺美兩國的女性大學教師仍被期待擔負
較多的家務及養育兒女的責任。如同美國女大學教師一樣，
我國女性教師每週花在家務上的時間為男同事的三倍。有趣
的是，我國男性教師的總薪資會因從事家務而減少。究其原
因，可能是由於臺灣的家務大多由女性負責，因此參與家事
與否對女性的收入多寡反不具鑑別力；反之，對大多不負擔
家務的男性教師而言，做家事反而使他們成了「異類」，分
散了從事學術活動的時間，總收入也相對減少了。不過上述
的研究發現卻不應淪為男性拒絕參與家務的藉口，尤其在越
來越多女性投入學術工作的臺灣，家務分工更有賴兩性共同
參與。

◆以「懼怕成功」心理而言，臺灣的女大學教師仍有人在意
是否能符合傳統女性顧家的角色，尤其是許多年輕的臺灣女
教師仍然擔心個人的事業成就是否會超越配偶。結果，不少
身兼家庭與事業的女性，一方面缺少社會、學校的支持，再
加上學界處處隱微的性別歧視，使得這些女性為了符合傳統
角色，在最初應徵工作及後來的任教生涯中比較容易處處妥
協，並接受較苛刻的條件。

◆就「博士學位」而言，對臺美女教師在求職、研究、升等及擔任行政主管的機會上同樣重要。許多研究同時指出臺美兩國女性在待遇上遠遜於相同條件的男性同儕。為了彌補此種差別待遇，女性必須透過提高個人教育水準，來縮小距離。因此，擁有博士學位對女性從事學術生涯，縮短兩性差別待遇，幾乎已成為必備條件。

◆以擔任行政主管職務而言，臺美兩國女教師同樣機會較少。至於在研究出版數量上，兩國女教師的學術著作均低於兩國男性。

◆以所佔人數比例而言，女性在學術界仍佔少數。尤其職級越高，女性人數越少。可見，大學任教仍然是以男性為主；職位越高，女性越少。

男女薪資大不同

/ 討 論 題 綱 /

❶ 何以「職位越高、女性越少」？

❷ 何謂「同工、不同酬」？請舉例說明。

❸ 請問為什麼連大學教師，也出現「同工、不同酬」現象？

❹ 男、女薪資不同有哪些社會因素與個人因素？

❺ 你是否同意「男性因社交圈比女性大，所以比較容易升遷與獲得高收入」這句話？為什麼？

男女薪水大不同

05 遣散後壯遊世界

男女平等 ▸　　男女分工 ▸

角色差異 ▸　　刻板印象 ▸

　　我國高教據報載，105年9月入學的大一新生，驟降近兩萬人，讓原本大學招生缺額的問題雪上加霜。許多私立大學也紛紛啟動教師資遣計畫。擔心多年的事，該來的還是擋不住！今年5月，學校公布新一波資遣老師名單，並要求這些人需簽下資遣合約書。只是萬萬沒想到在這所大學教書十餘年的怡君，算算資遣後的所得加上原來勞保等費用，待遇竟然不如遭資遣的勞工，由此可見這些在私校教書老師的困境。

　　許多和怡君有同樣命運的私校資遣教師，一開始都會因經濟中斷而憂心忡忡，多數人會陷入找下一份工作的焦慮中。至於已經四十多歲的她，在面對中年失業後，有一段時間心理難以適應，過了一陣子後竟然出乎意料的豁達。因為怡君終於可以趁被資遣的空檔環遊世界！畢竟從上大學以來，她已壯遊過一百個國家與地區，何不趁此繼續完成繞地球一周的壯舉？這一決定自然很快遭到周邊家人與朋友的勸阻與批評，認為資遣費花完後，沒有老本如何生活？但也有不少人偷偷羨慕怡君竟然在面對失業命運後的豁達與樂觀。

　　怡君擁有美國大學ESL專業背景與碩士學位，加上能用西班牙話溝通，從大學時代開始，怡君就到各國自助旅行。在近二十餘年來，怡君曾遠赴南極圈，觀賞企鵝生態，親眼目睹極地海嘯生成與威力；在非洲溯溪時不幸落水被漩渦吸入，在滅頂前利用雙腳攪動，破壞漩渦組織而死裡逃生，同隊船友對於怡君的重生直呼是一項不可能的「奇蹟」；在南美洲騎馬時，她不慎從馬背上摔落、拖著受傷的身體，步行數十公里，自行求救；在曼谷騎機車穿梭在大街小巷，尋幽

探訪與遍嚐泰國美食;在斯里蘭卡求醫,比手畫腳後獲得善心人士幫助,義務送她到當地從無遊客抵達的醫院,參加全自然另類療法;在亞馬遜叢林中下水與食人魚共游;在澳洲海域浮潛時,意外與鯊魚面對面相遇;到日本森林散步時,巧遇從樹上掉下來的野生黑熊,而彼此驚嚇對方一大跳;在北歐追逐極光中,體驗氣候變遷的威力;到了阿拉斯加,發現千年冰河正以超乎想像的速度,在融化與剝落。

在這一連串壯遊過程中,怡君不僅吸收了世界各地風土民情,品嚐了各地的珍饌,更重要的是在歷次驚險的九死一生後,提供休旅課堂中精采無比的真實案例與故事,從學生一一收起手機,抬起頭來用期待的眼神看著怡君時,她知道這些奇特的人生經歷,足以感動這些表面上來混文憑的大學生,提供他們對生命的一點亮光與契機。無奈的是,由於當年怡君決定不繼續深造,以致現在因少了一張博士文憑而遭資遣。

對怡君而言,在重新規劃壯遊世界之餘,她也希望透過自己的專業能力與外語訓練,在國內或國外,重新找到需要類似專長的工作。面對資遣的遺憾仍能隨遇而安,樂觀以待,進而完成未竟志業的態度,在現實社會中,希望不是夢。

遣散後壯遊世界

/ 討 論 題 綱 /

1 何謂臺灣的「高教大限」？

2 請問你出生那一年全年度的臺灣新生兒是多少？
那一年全世界的新生兒又是多少呢？

3 請找出兩個中年失業的案例，以及其近況？

4 臺灣最近的「國民年金」討論，到底涉及哪些性
別議題？

5 如果你是怡君，你將如何規劃失業後的壯遊世界
計畫？請具體列出計畫，包括地點、時間、經
費，還有可能遇到哪些困難？

案例解析
與
簡答 ▶▶

一 ▶ 職 場 與 性 別

　　據調查，臺灣勞動力參與率仍有待提升。根據2015年政府的統計資料顯示，與主要國家相較，臺灣勞動力參與率低於新加坡之68.3％、韓國62.6％、香港61.2％、日本59.6％及美國62.7％。此外，如按性別觀察，各國男性勞參率相近，女性則有較大的差別。近年來，臺灣女性的勞參率呈緩步上升，主要受惠於高等教育普及與新興服務業的興起，提供了女性較多工作機會（尤以二十五到二十九歲就業率最高）（http://statdb.mol.gov.tw/html/trend/104/51404.pdf）。

　　儘管近年來臺灣育兒措施日漸改善，有助於婦女就業，但許多媽媽在孩子出生後，仍會面臨工作和家庭之間的抉擇。主計總處統計，雖然近十年來，臺灣女性勞參率逐年增加，從2006

年的48.7％，提升到2015年的50.7％，但男女之間的差異依然
存在15.3％的差距。

　　以瑞典為例，由於是高納稅的社會福利國家，因此可以提供
女性十六個月的帶薪產假，且夫妻可同時輪流照顧新生兒。在
歐美國家類似的政策較為普遍，以致這些國家女性的勞參率較
臺灣偏高。面臨少子化及高齡化社會的日本也發現，改善女性
就業環境與創業方向，已是國際的趨勢。至於蔡英文政府不只
一次宣告排除婦女就業障礙是重要施政主軸，可見當今社會，
如何透過多元面向，打造公平競爭的環境，已經是性別平權的
重要課題。

二　性 別 隔 離

　　臺灣社會在不同職業與產業的人力投入分布上，部門與階層
之間，存在著水平與垂直的性別隔離。垂直隔離（vertical seg-
regation）是指職業或職務有上下層級的區隔，即男性比女性更
有機會擁有上層的位置。水平隔離（horizontal segregation）則
是不同職業的區隔，有男性主導的職業（如理工管理階層）及
女性主導（如護理、秘書）的職業之分。根據Trond Petersen及
Laurie Morgan的研究（1995），職業的性別隔離表面上看起來
是分工，實質上是不平等的位置分配。例如2005年立法院選舉
制度改為單一選區兩票制後，各政黨不分區當選名單中，婦女
不得低於二分之一，大幅度地鼓勵了女性參與政治與公共事務
（https://twstreetcorner.org/2016/05/10/chenyin-chiang/）。

三 天花板效應（glass ceiling effect）

主指一種性別不平等的現象，起源於1980年代，歐美社會中的外來移民只能擔任底層職務，職務的晉升就像被一層玻璃天花板擋著，可望而不可及，後被引申用於女性無法獲得與男性同儕公平競爭的機會。

四 同工不同酬

據統計，目前女性的平均薪資大約是男性薪資的86%（主計總處，2017），這樣的現象來自於職業的隔離：男性的工作領域多分布在管理階層，故為屬高薪群體。職務位階並不是差異來源的唯一呈現方式，同樣性質的工作，男女員工的薪資亦有差異，而職務的分配往往是差別待遇的合理掩護，強調女性較為心細，應處理細密的一般行政事務工作；而男性較理智，則可以處理業務型工作。

五 職場性騷擾

臺北市上班族協會曾對上班族進行調查，詢問受訪者在工作經驗中，是否曾經遭遇職場性騷擾。51.9%的女性上班族回答完全沒有遇過，0.9%女性上班族表示經常發生，16.2%則表示偶而遇到。令人驚訝的是，有1.7%的男性上班族回答經常遇到性騷擾，而回答從未發生過的也只有58.0%，與女性相差無幾。

　　常見的職場性騷擾現象，分為以下四種：一、性的交換，即上司要求女職員以性來交換職位升遷；二、敵意的工作環境，即在工作的情境中，張貼著令人覺得不舒服的海報，或充斥著令人難堪的言語騷擾。三、性的徇私，即利用性來獲取較高的待遇或職務，認真工作者卻因此失去被重用的機會。四、非公司員工的性騷擾，即來自於客戶的性騷擾。不管是哪一種性騷擾，都對受害者帶來很大的傷害，且對受害人的職場生涯造成一定的影響（楊茹憶，1999）。

六　性別納入主流政策

　　是指評估政策及發展項目對兩性所造成的不同影響，以了解男女在決策及社會資源運用方面的差別。把性別觀點納入制定政策的過程，加強決策者與執行者的性別政策中的設計、發展、推行、監察與評估等工作。具體有四項可行策略：一、為上述人員提供具有性別醒覺意識的訓練，加強他們對性別議題的敏感度與認識；二、訓練上述人員使用性別分析工具，如按性別整理的數據、性別審核及性別影響評估；三、制定工作守則、指導各部門設立性別平等權益促進委員會，確保日常工作中性別主流化的落實；四、向政府提出各種性別觀點主流化建議，促使政府在有關民生及國策的決策上，都能將性別平權的觀念納入政策考量中。

七　校內性別平等的挑戰

　　學校的行政人員通常被視為是推動性別平等教育的最大阻礙，包括學校主管、教師與同仁之間對於推動性別教育工作在觀念與推動上有相當大的差距（周祝瑛，2009）。現階段校園內的性別平等教育工作推動上，面臨著許多問題。儘管教育部明令各個學校必須成立性別平等教育委員會，但實際上仍有學校尚未成立，即使成立也沒有人力予以推動。當遇到相關的性別爭議，或處理性騷擾事件，都有落差。再者，尤其如何針對全校人員的觀念溝通，資源分配、或者是利益的維護上，都應避免雙重標準。尤其在推動的人員，上自校長、行政人員，下至教師與職員，都可發現推動最大的障礙是推動人員本身的觀念，這可能與兩性之間過去的社會結構與父權的體制，與中小學校園內權力階層化依然明顯有關。

　　甚至連在大專院校都普遍存在，在各方面的論述、及觀念也有待溝通、整合。由於過去性別教育長期被定位為性教育，加上一般校園對於性別教育的認知非常籠統，多數人傾向接受性別在現實社會的差異，教師也會教導學生彼此尊重、互相了解，但儘量提醒學生不要挑戰性別差異，而接受社會化過程中既有的現象，包括男尊女卑的狀況。所以當真正面臨有人因性別不公而提出質疑時，往往會出現與性別平等教育理想背道而馳的聲音。甚至基於同事愛的立場，認為不應解聘性騷擾的老師，不應斷絕同仁的生路，卻完全忽略教師適任問題。最後，學校的行政階層可謂性別平等推動中最值得加強之處。由於各

校的行政體系裡多是公務人員系統，男尊女卑的情況特別格外明顯，可說是校園內性別平等教育最需要加強的一環！

參 考 影 片

1 金・隆吉諾托（導演）（2008）。**女人站起來**（英語：*Rough Aunties*）。英國、南非。

2 John Bartnett等（監製）、妮基・卡羅（導演）（2002）。**鯨騎士**（英語：*Whale Rider*）。紐西蘭、德國：South Pacific Pictures。

第 5 篇
▶ 性別與網路

跨國婚姻網路牽

幹嘛找我聊天

上當記

01

跨國婚姻網路牽

網路交友

遠距戀愛　異國通婚

翻閱了上百個郵箱，紫易好不容易才找到了Janet的電子郵件地址，雖然很久沒聯繫了，但紫易還是打算試著聯繫一下這位在巴黎駐外工作的英國朋友。「好不容易的休假，我可不想就在屋裡待著，我籌劃半年之久的歐洲遊要開始了！」紫易一邊想一邊給方才找到的地址發出了自己的到訪消息，愉快地合上了筆電。

然而，這封信竟石沉大海，直到半個月後才收到回覆。這一封英文回信內容如下：

親愛的紫易小姐，

我是約翰，我想你是寄錯了郵件地址，我猜想你是要來巴黎旅遊？我就住在巴黎近郊，如果你到巴黎有什麼需要幫助的，可以聯繫我！

約翰

紫易重新確認了郵箱地址，原來不小心把「i」打成了「l」，於是又連忙重新發信給發Janet，沒想到她剛好這個時間不在巴黎，無法幫上忙。儘管如此，紫易還是按照原計畫出國，等飛機降落巴黎才發現人地生疏，而且語言不通。她想起了那位不曾謀面的約翰，於是抱著僥倖心態給約翰發了郵件，沒想到對方竟然豪爽地回應：「沒問題，我這幾天剛好有空，可以帶你到巴黎附近逛逛。」

隔天，兩人相約在咖啡座見面。或許是因為年齡相仿，兩人又懂英文，交流甚歡。在彼此聊天的過程中，得知約翰除

了工作，還在巴黎大學進修博士學位。而且因為兩人都對人文藝術充滿興趣，在接下來的行程裡還相伴走訪了塞納河畔的羅浮宮、恢弘的凡爾賽宮、名畫無數的奧賽美術館等等，相處十分融洽。

沒想到在短短相處的幾天內，雙方都給對方留下深刻印象，真的是「相見時難別亦難」。回到臺灣的紫易依舊和約翰保持聯繫，他們郵件往來，Skype視訊，甚至用Twitter等社交媒體。總之，每天好像有聊不完的話題。後來，約翰乾脆飛到臺灣來見了紫易，雙方並安排拜訪了彼此的父母。幾個月後，約翰正式提出了求婚，不久後終於共進禮堂，完成了終身大事。然而在過程中，除了歡天喜地的婚禮外，兩個人還是經歷了無比的焦慮、與多次的猶豫及徘徊。兩個人歷經信心動搖，又重拾勇氣的煎熬和掙扎。

在外人看來，這簡直就是一場閃婚，更是一場不太可靠的婚姻。因此，從兩人決定談戀愛起，就一直飽受壓力和非議。親朋好友得知兩人是網路上結緣，都紛紛勸說紫易不要陷進去，說不定是個騙局。加之雙方原本不可忽視的文化差異，語言溝通中難免還有障礙，很多意思又無法正確地傳遞給對方！但就是在這樣的干擾下，紫易還是選擇穿上了婚紗，同約翰譜上這段跨國婚姻。

跨國婚姻網路牽

/ 討 論 題 綱 /

1 一般所謂的宅男宅女戀情，主要是指什麼？

2 何謂網路一夜情？

3 網路交友和一般交友有什麼不同？

4 跨國婚姻可能會面臨什麼困難，和一般婚姻相比又會有哪些不同？

5 網路戀情常見的問題有哪些？

02 幹嘛找我聊天

曖昧情感

網路交友　臉書

耿耿不是很懂，如果陳力恆不喜歡她的話，為什麼還要每天找她聊天？

事情要回到2014年那個夏蟬啼叫的炎炎夏日，躺在冷氣房裡的耿耿，收到FB裡一條好友申請。

「陳力恆？這誰啊？還有共同好友？」在耿耿點下「同意」鍵後，對方又立馬發來訊息：「hi～耿耿，我是陳力恆，我們在社團會上見過！」

「喔，你好哦～不好意思，我對你沒有太多印象誒～」耿耿人如其名，很耿直地回應道。

對於這個陳力恆，她是真的沒有什麼印象，從小到大她都沒什麼異性好友，也從不會主動找班上男生說話。這回一個陌生男生突然來訊，耿耿心裡倒是有了不一樣的感覺。

兩人就這樣你一句我一句地開始聊天。每次耿耿只要一上網，不超過五分鐘，陳力恆一定會發來問候訊息。有好幾次聊得盡興，耿耿背著父母假裝已經入睡，結果是鎖上房門和陳力恆聊到凌晨。他們可以從天文地理聊到家裡瑣事，可以從校園趣聞聊到社會政治，還會互相詢問理想型，未來擇偶條件如何等，甚至話語中開始出現男女朋友間的曖昧氣氛。自從認識了這個男生，過去沒有玩FB習慣的耿耿也開始刷起了動態消息，經常會po文po圖，只要陳力恆點了讚，她就超開心的。因此，每次上網都抱著想與對方聊天的期待。

就這樣持續了大約一個多月，一天，耿耿突然發現閨蜜蕭蕭也開始和陳力恆有了互動。而且在聊天時，陳力恆總是會將話題帶向蕭蕭。在詢問了蕭蕭後，耿耿才得知原來陳力恆

在和她談天説地的同時，一直也在和蕭蕭保持曖昧關係，而且現在正在追蕭蕭。耿耿知道後，心情差到極點，一面是自己喜歡的男生，一面是自己的閨蜜好友……。耿耿在氣憤難過之餘，也摸不著頭緒，為什麼陳力恆不喜歡她，卻還要這麼熱絡地聯繫她？讓她有這樣的誤會……

而當蕭蕭和陳力恆正式成為男女朋友後，陳力恆依舊會每天找耿耿聊天，有時候還會向耿耿抱怨他和蕭蕭在戀愛中出現的衝突。耿耿非常不滿地回應：「你應該和你的女朋友把話説開啊，和我説什麼？我是你的垃圾桶嗎？」陳力恆顯然沒有聽出耿耿話語中的不滿，依舊滔滔不絕……耿耿再也受不了這樣的干擾，於是直接封鎖了陳力恆的FB，訊息也全都刪光光，再也不和他聯繫。

後來，聽同學們傳著，原來陳力恆在和蕭蕭交往期間，還和另一個班的女生熱切地在網上聊天，該女生完全不知陳力恆有女友，像耿耿一樣陷進去。一直到得知情況後，竟到處傳播蕭蕭是個倒貼貨、粘著男生不放等壞話……。

而陳力恆之所以能和女生聊上話，全都靠同樣的一套模式——從FB上加入和自己有共同好友的人開始……。

/ 討 論 題 綱 /

1 什麼叫「漁場管理」？

2 網路交友有哪些風險？

3 請分析陳力恆這種男性的心態？為何他能同時和
不同女生在網上搞曖昧？

4 如何破解網路謊言？

5 什麼是網路霸凌？

03　上
　　當
　　記

翻轉性別教育

情感詐騙

岳教授留美歸來後一直在K大任職，從講師到如今，已是小有知名度的教授，在學術界頗有成就。然而最讓他家裡人頭痛的是，岳教授都快五十歲了，卻一直忙於學術研究，連個女朋友都還沒交過。學院其他教授紛紛介紹岳教授年齡相仿的合適女孩子，但不知為何最後都告吹。直到七年前，老同學介紹岳教授一位孔姓女博士生，兩人雖相差約莫十歲，可是沒想到竟走到一起，開始了戀愛。

孔小姐和岳教授實際上只見過三、四次面，便確認了戀情，之後都是靠手機短訊或郵件聯絡。一回，岳教授在研究室寫作，收到孔小姐的簡訊，上面寫道請岳教授在戀愛期間，每個月付給一萬臺幣做為兩人的戀愛費。岳教授感到很不解，孔小姐又再次發來簡訊解釋：「你剛回國內不明白現在國內談戀愛，男方都是要給女方戀愛費的，這一萬塊還是最少的呢！不然我可不承認你是我男朋友！」

岳教授看到最後一句，想都沒想就答應了。一開始都是給女方現金，想著正好也可以和女方吃個飯。然而漸漸地，孔小姐又來了要求，希望岳教授每個月將錢匯到銀行帳戶裡就好，以自己博士快畢業了，學業論文繁忙為由避開見面。就這樣每個月一萬臺幣讓這段畸形的關係一直維繫到今。期間，孔小姐的要求也一步步「升級」，先後讓岳教授幫忙寫博士論文，幫忙在當地找工作，並以買車和買房為結婚條件。岳教授也全都一一對應實現了，而且兩人也領上了結婚證書。

眼看幸福的日子就要來了，岳教授對此一直抱著美好期

待。然而直到房子裝修好後，岳教授想搬進新房子，孔小姐竟不同意。岳教授趁著孔小姐不在家的一天，將一些行李和書先搬進了新房，孔小姐下班回來後大怒，連夜找鎖匠更換了房門鎖，還裝上了監控。岳教授不管怎麼打電話、發郵件一律都沒有回應。這下他才醒悟，承認自己被騙了，所有的一切徹頭徹尾都是一場騙局，這麼多年的付出全是白費，這個孔小姐根本就不愛他⋯⋯。

　　傷心過度的岳教授因為這件事情一下子病倒，住進了醫院，還檢查出患了肝癌，然而連看病的錢都已負擔不起。家人趕到醫院看他，他才說出了這些年來被欺騙的經歷，所有人都悲憤不已⋯⋯

/ 討 論 題 綱 /

1 你認為岳教授為何會一步步陷入騙局？

2 孔小姐的騙術為何能得逞？她可能是第一次騙人感情的嗎？

3 交友過程中哪些行為可能是騙局的徵兆，值得警惕？

4 當岳教授一步步陷入感情陷阱中，為何無人插手提醒或制止呢？

5 如果你是岳教授或他的家人，面對此事應該怎麼辦？

上
當
記

案例解析
與
簡　答　▶▶

一　網路霸凌

　　在法國，有40％的學生曾是網路霸凌受害者。據2015年霸凌現象調查報告顯示，在美國，有6％的在校學生曾遭受校園霸凌，14.8％遭受過網路霸凌。22％在遭受霸凌後每天感到傷心和絕望，且這種情緒至少延續兩個星期。期間不想參加任何活動，有將自己隔離的傾向。有13.6％想過自殺，8％（約11,982人）不止一次想過自殺，2.7％有因自殺而導致受傷、中毒，接受醫生治療的經歷。[1]

　　臺灣有26.4％的兒少從幼稚園至今曾遭受校園霸凌，其中目前仍身處霸凌陰影；（在過去一年內）曾被欺負的比例達15.2％，估算有四萬名的兒少過去一年仍深受霸凌的傷害。[2] 霸凌形式以「言語嘲笑」和「關係排擠」出現的比例最高。在臺灣九到十七歲的青少年中，有5.8％曾在網路上遭霸凌，大約每四人就有一人在社交媒體或網路遊戲中被霸凌。

二　網 路 交 友

　　「2010臺灣青少年數位安全及網路社群調查報告」發現，國內有些父母因上網時間太長，而疏於陪伴與引導子女如何使用網路，導致青少年、兒童缺乏足夠的網路素養，經常暴露在各種色情、暴力的不良資訊環境中，影響其隱私保護概念與正確價值觀。該報告也發現，國內青少兒有20％參加網路家族或社群，一成以上會出席網聚。他們經常參與的網路活動包括：上網交友聯絡（如用即時通訊、寄發電子信件、上聊天室或BBS）、玩線上遊戲、查詢資料、看娛樂資訊、使用部落格、及下載軟體等。由此可見，現今青少兒對於網路的接觸狀況已超乎成人的想像，但對於網路安全知識與時間管理等方面仍有待加強；而國內家長對於子女上網安全的關心與認知程度明顯不足，親子與師生間存在嚴重的數位落差。

三　網 路 效 應

　　行動網路已成為生活的一部分，改變網路使用習慣，形成所謂「新指尖運動」、「低頭族」，以指尖滑動為人與人互動的潮流。而「手忙眼亂」的數位互動模式，成為人與人溝通的重要管道。

　　英美心理學者提出，有些人害怕錯失訊息，而不斷保持與他人及團體的互動。尤其熱衷社交網路「臉書」的臺灣成人以及國高中生族，大多有對現實生活的社交現況不滿，且生活壓力

翻轉性別教育

大的特徵。害怕錯過信息，被邊緣化，頻繁的臉書社交，減緩焦慮和尋找歸屬感。

「睡前再睏也要看一會兒手機，醒來後還瞇著眼，手就已經自動搜尋起手機」，這樣的情形對許多人是否相當熟悉？根據香港《2016年青少年與性研究》，調查香港3,907名國一至高三的中學生，及訪問1,239名十八至二十七歲的青年。結果發現：青少年接觸色情資訊和網路性愛增加，性知識水平下降，對多元性傾向的接納程度上升，對結婚和組織家庭等傳統理想抱猶豫態度。其中約五分之一有觀看色情物品的男生在過去一個月內曾觀看十五次或以上。約15-20％女生及30％男生曾接收手機裡的色情訊息（包括文字、圖片或影片），且大多數人會將該訊息刪除，34-43％女生將訊息或發送人封鎖，24-29％男生則將訊息保存。

至於臺灣高中生持有手機的比例如今高達98.9％。有46％的青少年每天使用手機達二至四小時，超過五小時者佔了23.2％。66.5％的青少年會因手機沒電、58％會因沒帶手機而感到焦慮不安。為了回家、回宿舍拿遺忘的手機而遲到甚至缺課，上課偷偷滑手機、走路也忍不住看手機的現象越來越嚴重。

案例解析與簡答

---

[1] The Complicated Web of Teen Lives – 2015 Bullying Report.
http://nobullying.com/the-complicated-web-of-teen-lives-2015-bullying-report/

[2] 兒童福利聯盟文教基金會（2015）。2014年臺灣校園霸凌現象調查報告。

翻轉性別教育

參 考 影 片

① 安德魯・尼科（監製、導演）（2002）。**虛擬偶像**（英語 *Simone*）。美國。

② **永遠16歲的初音未來！身價30億比真人還會賺**（東森新聞 CH51，2015.10.19，YouTube）
https://www.youtube.com/watch?v=UCWSabl7sH8

③ 村上正典（導演）（2005）。**電車男**。日本：東寶電視部、共同電視。

④ **CC&EW Wedding MV 遠距離篇**（wincoffee，2017.01.07，YouTube）
https://www.youtube.com/watch?v=h1yQlc1ZcCk

第6篇

▶ 性別與暴力

走過沼澤

房思琪式的遭遇

我們認識，你怎麼可以性侵我

01 走過沼澤

性暴力 ▸　性騷擾 ▸　性侵害 ▸

二度傷害 ▸　價值觀迷亂 ▸

強暴迷思 ▸　反社會心理 ▸

　　一場性侵害意外事件，讓文文提前結束童年。

　　那個黃昏，母親囑咐她到學校帶弟妹回家吃晚飯，在距離家園僅有一條馬路之隔的學校門口，被一個陌生男子攔住求援，由於文文平時喜好見義勇為，一時不察失去戒心，應聲追隨該男子到校園角落，正在狐疑究竟如何幫忙時，不料對方竟突然轉身，伸出魔掌，將女孩強行抱住，上下其手，並用口堵住她的慘叫聲……。不知過了多久，文文好不容易擺脫了對方的身軀，逃離魔掌後，倉皇奔入家門，不顧披頭散髮與衣衫不整，躲進閣樓角落，悲痛地哭泣。想到全身上下留著陌生男子的異味與口水，頓覺像破碎的花瓶，或者成為發臭的垃圾。羞恥、污穢、生氣、自責，各種複雜情緒全部湧上心頭。整晚不斷哭喊與敲打自己，希望這只是場噩夢。隔天文文清醒後，十分擔心被加害人在學校或街上認出、怕被譏笑與嘲弄，於是要求母親剪斷長髮、改變外型，並且自此不敢單獨到學校。

　　在當那個保守的年代，發生性侵意外，幼小的文文不敢對任何人提及，留下難以磨滅的陰影，讓她經常感到自慚形穢與缺乏信心，甚至長大成人後，潛意識中依然會吶喊：「為何是我！」

　　一直到大學畢業，進入職場後，文文發覺類似的不幸不斷重演，甚至因受害者不敢報案或證據不足，讓加害人食髓知味，屢犯得逞，逍遙法外！尤其看到女性朋友被同事性侵，墮胎之餘，以自殺方式來結束生命。文文認為：

　　遭遇性侵並非自己的過錯，也不是個人的羞恥；這是整

個社會對於性別平等觀念錯誤，法律規定不夠周延，與教育過程性別知識不足所致，才會一再對加害人姑息、把受害者逼入絕境。

文文後來加入青少年性侵害防治的工作，一路上陪伴許多受害女性，並透過諮商輔導與醫療轉介，幫助她們重建身心靈。除此，文文也經常到中小學及社區、工廠等地演講，透過實際案例與法律常識，推廣性平與性暴力的防範工作。過程中，她進一步發現：原來許多性暴力加害者，童年時也曾是受害者，而且不少是發在家庭裡熟識人中。這些被父母家暴的孩子，往往因受害陰影而產生報復心態，長大後更容易變成加害者，形成冤冤相報的惡性循環。難怪陳若璋教授曾經說過：性侵害的加害人，本身不僅有罪，更是有病的一群。如果不能正視家庭內的暴力，及早防範，社會上的性侵案件將會一再發生。至於受害者，誠如一位心理學家陳皎眉提到，在社會上普遍還存在著：「好人應該有好報」的心態，許多人會對受害者提出批評，認為不幸遇到性侵的人，都是自己行為不檢點、穿著太暴露、不注意自己安全，才會發生意外。但很多時候的性侵事件，不是個人保持警惕就可以避免，尤其是發生在家庭、親人與熟人之間，防不勝防，不應責怪受害人。

例如新婚時，文文鼓起勇氣，首度向丈夫全盤托出十歲的不幸遭遇。或許是心裡沒有準備或缺乏相關知識，木訥的先生聽後，只說：「都過去這麼久了，不要再去想它，忘了吧！」文文聽了後，心裡十分難過。類似逃避的回

答，正好突顯國內男性對於錯誤性侵觀念的有待加強與相關知識上的嚴重欠缺。當時如果丈夫可以拍拍文文的肩膀，甚至將她摟進懷中，以同理心安慰：「謝謝你願意告訴我，這些年你辛苦了。」對於文文來說，這幾句話其實比什麼安慰都來得重要，因為遭受性侵害的痛楚，如果可以獲得他人的同理、支持與陪伴，傷害會有所減輕。

從自己先生身上，文文了解到，往後有更多性平推動工作要做。文文期望以「過來人」的身分，繼續協助他人，並鼓勵這些人：

不要害怕，涉過沼澤，就能重見陽光。

翻轉性別教育

/ 討 論 題 綱 /

1. 什麼叫性騷擾、性侵害與性暴力？其傷害程度有何不同？性暴力加害者不只有罪，也是有病，為什麼？

2. 為什麼對未成年的孩子強制性交是公訴罪？

3. 文文為何不敢告訴家人？為何家人都沒發現？

4. 何謂「二度傷害」？兩個故事中有哪些二度傷害的事例？如何改善？

5. 什麼是強暴迷思？性暴力受害者通常會自責「為何是我？」受害者需要受公平的世界觀的影響嗎？

02 房思琪式的遭遇

性侵害

誘姦　　心理創傷

　　小時候喜歡塗鴉的宜璇，經常在爸爸的診所中聽病人的各種故事，她一邊聽，一邊把這些故事用四格漫畫形式記錄下來，身旁經過的大人們，看到後都嘖嘖稱奇！不過到了國中後，宜璇因為升學壓力，下課後爸媽送她去補習班上課，於是畫畫的時間少了許多，爸媽也希望她專心向學，將來可以接爸爸的診所，當個出色的女醫師！

　　對於宜璇來説，畫畫與寫作才是她的最愛，可是爸媽卻説：「當醫生才有出息，才能繼承家業，畫畫與寫作將來能幹什麼？」儘管在課業壓力下，宜璇心中卻越來越渴望父母可以理解、甚至接納她寫作與畫畫的興趣，尤其雖然她數理成績很好，但對於以後考醫學院，卻怎麼也提不起勁。這樣的情況持續了好一段日子，一直到補習班來了一位新老師之後，才有所改變。原來這位堪稱補教界名師的林凡生物老師（化名），小時候也跟宜璇一樣，喜歡塗鴉寫東西，但是遭到父母極力反對，被迫放棄轉念醫學系，讀了幾年讀不下去，中途輟學後，乾脆到補習班教書，沒想到靠著帥氣的外表與上課時的風趣幽默，廣受學生歡迎，不到幾年內間，便在補教界闖出名堂，搖身一變成為補習班競相爭取的對象。這一次林凡受邀到宜璇的補習班，上課中，他在擁擠的學生座位來回走動，談笑風生，不一會兒便注意到底下一個一邊聽他笑話，一邊低頭塗塗抹抹的女同學，走到她身旁瞄一眼，猛然發現自己的上課身影被畫在生物筆記本上，而且還是四格漫畫……好奇怪的女孩，林凡暗暗注意。

　　邀請宜璇到自己木柵的別墅，是三個月之後的事了。在這

房思琪式的遭遇

之前的某個週六黃昏，下課後突然下起傾盆大雨，自己開著捷豹（jaguar）跑車，駛出補習班地下室時，瞥見旁邊站著一個清秀的女學生，焦急著東張西望。林凡搖下車窗問：「同學，下課了怎麼還不回家？」「啊，是林老師喔！我媽媽路上車子拋錨，無法來接我……」林凡那天不知怎地善心大發說：「上車吧，你住哪裡？這麼大的雨，我送你回去！」那一次，是宜璇第一次和林老師單獨說話，兩人在車內聊啊聊的，林凡突然想起第一次上課時，宜璇在筆記本上畫自己的肖像與四格漫畫的事，笑著問道：「你上生物課好像不太專心哦？怎麼不做筆記，反而在畫漫畫？」宜璇的祕密竟被識破，一時之間竟說不出話來，脹紅了臉，吞吞吐吐地回答：「老師怎麼知道的？」「我有千里眼，更有讀心術！」林凡看到眼前扭捏的女孩，一時興起，開她玩笑起來。「我女兒跟你一樣大，她在學校上課做什麼，都逃不過我的法眼，何況你們就在我的課堂中，怎逃得過我的視力範圍？」那一次，林凡故意繞了路，一路上逗著眼前這一個小女孩，說說笑笑，覺得很有意思，白天上課的疲勞，一掃而空。而宜璇雖然因上課不專心，被人識破而覺得尷尬，但林老師一路對答的風趣幽默，不像一般老師的嚴肅古板，讓她心中放下一塊大石頭，下車時，還頻頻跟林老師揮手致謝！

　　隔週，林老師隨便跟家人說了個藉口，又載宜璇回家，但前提是需陪他到陽明山先辦事。其實林凡只是想跟宜璇多聊聊，從學校老師聊到補習班的八卦，甚至還提到自己年輕時候，也有過塗鴉寫作的夢想，以及後來醫學院如何中輟，來

到補習班任教的種種往事。林凡忘了身旁這位聽眾與女兒年紀相仿，也顧不得師生之間的距離，彷彿遇到同是天涯淪落人，渴望從對方身上取暖與獲得安慰。結果在陽明山夕陽餘暉中，林凡一時興起，不但把宜璇緊緊擁入懷中，更忍不住深深地將嘴巴堵住了宜璇的雙唇，彷彿自己也回到青澀少年時代，不顧眼前女孩的掙扎，忘我地吸允著年輕少女的靈魂與青春……

　　第三次，林凡不顧宜璇的反對，下課後以段考幫她理科加強為由，直接把宜璇載回木柵的別墅。宜璇進屋後，好奇地四處張望，看到牆壁上貼著林老師的漫畫作品，以及一些類似生物圖片的相片。老師的房子很雅致，也十分安靜。林凡脫下上課時的外套，問宜璇要喝果汁還是可口可樂？坐在沙發上的宜璇不知接下來要做什麼？有點緊張地抓緊衣角，隨便應答：「果汁好了……」結果後來整件事到底是如何發生，宜璇完全想不起細節。好像是喝完飲料後，林老師拿起桌上的講義，靠過身來，一邊對宜璇說段考可能會有哪些重點……一邊動手起來。不知怎地，林老師身子越坐越近，甚至有點要壓在宜璇身上，「老師，老師，你……」宜璇有些慌張，只見喘息聲越來越明顯的林凡站起身子，面對著宜璇後，突然拉下西裝褲拉鍊，撥開內褲，掏出早已腫脹的陽具，迫不及待地塞進宜璇吃驚微張的口中，「宜璇，幫老師吸一吸，快，用力一點」。宜璇面對這突如其來的動作與異物，不知如何是好，在林凡的命令下，胡亂吸允著嘴裡塞滿奇怪刺鼻黏液的異物，感覺林老師正全身上下抽動著屁股，

進入渾然忘我的狀態。不久後，然後宜璇覺得有黏黏的東西直接射入喉嚨裡⋯⋯隔了不知多久，一旁虛脫的林凡終於勉強從沙發上掙扎站了起來，拉上西裝褲拉鍊後，隨手丟了一條毛巾給宜璇擦嘴巴，然後又拋下一句：「你做得很差！」宜璇才如夢初醒般，從震撼中恢復過來。幾天失眠後，才終於發現，自己無邪的童年已經提前結束。

　　十三年後，宜璇被發現已無氣息地躺在家中浴室地板，身旁還留有一張畫有漫畫的小紙條，上面寫著：「爸媽，對不起，我先走了。我很恨那個人，希望不會再有第二個宜璇了！」

/ 討 論 題 綱 /

1 宜璇為何對林凡老師失去戒心？

2 林凡為何看中與女兒年齡相仿的宜璇？林凡對於宜璇的作為可能是初犯嗎？為什麼？

3 師生戀與性侵的差異何在？我國法令上對於與未成年者發生性行為者有何規定？

4 如果林凡配偶對宜璇提出妨礙家庭的告訴，該告訴可能成立嗎？林凡配偶可能一直被蒙在鼓裡嗎？如果知道為什麼不禁止？林凡的子女發現自己父親有此行為，可能會有哪些反應？

5 宜璇為何不在事情發生後的第一時間告訴父母？如果宜璇一開始即知道此事，會有哪些反應與檢討？

房思琪式的遭遇

03

你怎麼可以性侵我
我們認識，

約會強暴

熟人性侵　二度傷害

　　六月是畢業季，在驪歌響起的時刻，同學之間的餐敘格外熱鬧。于婷和燕子這兩個學妹受鄰校學長的邀請，出席一場畢業聚餐，從黃昏一直到深夜，號稱「不醉不歸」！席間除了各式美食、現場演唱，也提供酒吧的飲料。由於有不少熟識的人在現場，于婷和燕子覺得特別開心，尤其學長對于婷上大學這些年，一直十分照顧，于婷對於學長即將畢業，難免心情複雜，不知不覺中，喝了不少酒，只覺得身體越來越熱，音樂變得更加震耳欲聾，意識開始有些模糊。一直坐在隔壁的燕子，突然手機響起，由於音樂太吵，只好跑到餐廳外面接電話，不知怎地，好久都不回來。後來，學長過來打招呼，旁邊是他的室友，見過好幾次面，是大學中的風雲人物偉瀚，足球隊的，人長得特別帥氣。對方看到滿臉通紅的于婷，看看桌上的酒杯，哈哈大笑起來，問道：「你怎麼這麼遜，才喝這麼幾杯，就醉成這個樣子！要練習、練習……。」説著説著，人就靠了過來：「來，我幫你抓抓穴道，消消醉意。」沒想到偉瀚這一抓，于婷竟然開始翻胃，忍不住要吐出來。偉瀚趕忙牽起于婷的手，往廁所裡直奔。因為是男女通用的單間式廁所，偉瀚也跟著進去，隨後上了鎖。等于婷吐完後，站在一旁的偉瀚，竟然對于婷上下其手，肆無忌憚地摸了起來，甚至將于婷的衣服拉下來……。于婷雖然仍有酒意，但感覺偉瀚不懷好意，又礙於對方是學長的朋友，只敢小聲地説：「對不起，我不要，請住手……！」沒想到説時遲、那時快，偉瀚的動作一下子激烈起來，很快地壓在于婷身上，不管對方如何死命掙扎，如何説「不要、不要、不

要」，恣意地、自顧自地侵入于婷的下半身，宣洩似地發出勝利的怒吼！

也不知過了多久，偉瀚自于婷身上翻了下來，看到一旁彎著身體、顫抖著的于婷，丟下一句：「我做愛功夫是一流的，很享受吧！快點穿上衣服吧！」偉瀚穿好衣褲後，兀自離開洗手間，留下于婷一個人。好像過了一個世紀之久，于婷才慢慢回過神，想到剛剛發生的事情，感到下體撕裂的痛楚，身上沾著陌生人的體味與唾液，這才開始啜泣起來，「天啊！他是學長的室友，他怎麼可以如此對我？」

回到學校宿舍之後，于婷知道自己被強暴了！她想立刻衝進浴室，把自己從頭到腳、由裡到外，洗個精光，但又突然想起要留下證物報案，可是對方是學長的室友與死黨，如果真的報案了，學長一定很為難，我們的關係可能就此結束。還有報案後，即將面對一連串警察、社工、醫務人員、律師、甚至是對簿公堂的尷尬與二度傷害。更重要的是，父母、親友會如何看待這件事情？會不會只怪于婷為何要參加餐敘？穿短裙，又喝酒，不知檢點等等。最可惡的是，偉瀚明明是認識這麼多年的人，而且分明是對于婷「性侵」，事後卻說是「做愛」！于婷到底該如何做才好？

/討論題綱/

1 這會是偉瀚的第一次性侵事件嗎？為什麼？

2 于婷當時都掙扎著說「不要」了，為什麼偉瀚還要繼續？

3 「做愛」與「性侵」的差別何在？

4 如何避免「二度傷害」？國內有哪些結合警、醫、法等多方面合一的單位，予以協助？

5 什麼叫「約會強暴」？為何經常發生在熟人身上？

我們認識，你怎麼可以性侵我

案例解析
與
簡答 ▶▶

一　大學生約會強暴

　　根據2017年7月臺北市家庭暴力暨性侵害防治中心與現代婦女基金會的「大學生與研究生約會性侵害現況調查」，針對十八歲到二十四歲的學生進行校園問卷施測，發現近九成都發生在熟人之間，且七成在暑假。另外，女性在面對一些感到不舒服的肢體接觸時，有高達五成會因避免破壞關係，而保持沉默以對。而四成一的男性認為「女性沒表示意見，等於是同意」。現代婦女基金會表示，該會在2010年服務251件性侵害案中，有28％是十八歲到未滿二十四歲的大學生或研究生，近三成屬於約會性侵，且暑假通報案高達七成（現代婦女基金會，2017）。

　　「沒有表示意見，就是同意」的性別迷思仍普遍存在。因此，聚會時要注意自我安全，對於離開視線的飲料千萬不要再喝，尤其是新朋友提供的飲料或食物，都需提高警覺。萬一擔

心這些舉動會破壞關係或有些煞風景的話，不妨收下後先放旁邊，用暫緩方式或轉移注意力，來維持氣氛。

　　而根據臺南市社會局的統計，該市十八歲以下的兒童及少年遭受性侵害的事件佔65％，且加害人中的88％為熟識者。

二　終止性別暴力運動

　　自2013年以來，有鑑於全球漸漸升高的性暴力與性侵犯事件，國際上提出「終止性別暴力運動」「One Billion Rising」（十億人站出來，簡稱OBR），呼籲所有參與者高舉食指，勇敢站出來宣示自己是十億人中之一，表達個人終止暴力的決心，一起為性暴力受害者挺身而出（http://www.onebillionrising.org/about/campaign/）。

三　性侵事件的社會成本

　　最近海峽兩岸不約而同地發生了與性別教育有關的憾事。一位是浙江大學的知名楊姓教授，在情感空白中，被一名女博士生欺騙七、八年的情感，不但付出辛苦賺來的金錢、過程中涉嫌幫忙論文操刀，最後在人、財兩失中，失去了寶貴的性命。另一件則是最近驚動臺灣社會的年輕作家林奕含的生命殞落。林奕含透過《房思琪的初戀樂園》小說，描述一個補習班老師，如何利用教師職權，長年誘姦、強暴、性虐待未成年的

女學生們。這兩件事分別引起社會輿論的廣泛討論與韃伐，不論是對當事人（如楊教授）何以讓自己深陷危境，多年受騙而不自知；或者是林奕含被性侵後，未能在第一時間報案，錯失懲罰狼師的機會，這些都讓人在不勝唏噓之餘，不禁要質問：究竟是華人社會過於保守，還是教育中缺少性別教育的素養？上述的憾事如何加以防治，避免一再重演？

四　「性別教育」課程

　　有別於一般強調以專業知識與素養為主的「知性」大學課程，性別教育大多屬於生命教育之一環，強調與學生生命經驗相結合，透過個人成長中的性別發展歷程，喚起「情與意」的體驗與學習。多數課程特別重視師生的互動，一方面檢視目前社會上普遍存在的「性別迷思與偏見」，另一方面透過相關議題不斷討論與辯論的過程，包括：兩性生理、心理發展的差異，性別角色社會化歷程，家庭學校職場、與社會文化中之兩性關係及其所衍生的相關問題；甚至實施若干體驗課程如：透過「模擬約會」等活動，鼓勵同學走出虛擬世界，真正面對現實生活中的異性，並嘗試進行約會交往的規劃及體驗。透過整學期的教與學過程，培養學生檢視個人性別經驗的敏感度與關係；加強學生剖析社會性別議題的能力；透視教育體制中性別不平等的議題；喚起性別意識，與學習同性及異性之相處，進而建立性別平等的觀念與規範。

案例解析與簡答

五 如何避免二度傷害

不少曾經在年少時遭遇性騷擾、性侵害的受害學生，無論男女同學，成年後仍不時會出現類似「創傷後症候群」（PTSD）等問題，其中不乏飽受長期失眠、畏縮、精神緊張與缺乏自信等困擾。對於自身的不幸遭遇，除了難以在短期間平復之外，最令他們難以釋懷的，竟然是周遭最親近的家人與朋友，大多只懂得規勸他們儘量遺忘「那件事」，認為只要用正面積極的方法，鼓舞受害者，便可以讓他們早日脫離性暴力等噩夢。尤其在親友們一句句：「是你運氣不好，把這事忘了，重新站起來，明天會更好」等所謂正向鼓勵中，這些受害者反而被推向另一個不被同理與接納的深淵中。結果一來，他們的傷痛從未得到真正釋放和理解，更沒有人願意站在他們的角度去體會，諸如：「有些傷痛，永遠都不會過去，傷口會癒合，但傷疤永遠都留在那裡」的痛楚。

然而，如何說服旁人，上述正面鼓舞方法早已失效。根據美國著名真實故事改編的電影《怒焰狂花》（*Child of Rage*），其內容在敘述一個從嬰兒時期被父親長期性侵的小女孩，終其一生無法擺脫幼兒時期的受暴陰影，導致經常在潛意識中透過「謀殺親人與虐待動物」來發洩內心莫名的憎恨及憤怒。一直等到被擔任神職人員的養父母領養，追溯出童年受性侵的源頭後，在兒童性暴力受害自殺防治心理治療師的協助下，女孩的痛苦與憤怒終於獲得家人重新的同理、接納與認可，小女孩才逐漸踏上可能的康復之路——儘管那是個遙遠而又漫長的歷程。

六　房思琪式的強暴

　　作家林奕含生前曾說：「集中營是人類歷史上最大規模的屠殺。但我要說：不是，人類歷史上最大規模的屠殺是房思琪式的強暴。」如果以性別角度來解讀這句話，即可了解其中的涵義：集中營是世界戰爭中不幸的產物，事後有更大規模的審判行動，追討與平反其中的公平正義。可是，性侵害卻是每天不斷發生在人類社會各個角落的不幸事件，其本質與過程堪稱是對於個人人格無止境的戕害與殺戮，是一種對社會價值與人格尊嚴的徹底謀殺！可是受害者卻因申訴管道缺乏、案件蒐證困難，與社會中常出現的二度傷害等輿論壓力，讓受害者必須隱忍而含恨終生。相對地，加害人卻經常可以逃避法律制裁，逍遙法外，進而食髓知味。如果不能正視家庭內的性暴力事件，及早防範，一旦這些受害兒童長大後，社會上的類似暴力案件將不斷重演，影響十分深遠。

七　強暴迷思

　　許多學者都指出「強暴迷思」大多是針對女性受害人的偏見與歧視。一般強暴迷思可分為四大類，分別是：「強暴妄想論—強暴從未發生過」、「強暴無害論—強暴一下又不會造成傷害」、「強暴欲望說—女性都想要被強暴一下」及「責備受害人—女性自身咎由自取」。第一種「強暴妄想論」的迷思，主要強調強暴是「天下本無事，『女』人自擾之」。這種

迷思大多懷疑甚至否定女性宣稱的受暴經歷，尤其在加害人是認識的人時，往往會懷疑是兩情相悅與反目成仇，會認為女性所說的受暴事例，並非事實，而是純屬虛構，或者出於幻想而已。因此，「強暴妄想論—強暴從未發生過」這類迷思，不僅忽視相識者的強暴，甚至否定約會強暴及婚姻強暴的可能，並且否定女性受害人的受傷經驗，讓許多受害人在舉證與搜查、司法過程，受盡各種二度傷害。至於第二種「強暴無害論」的迷思，主張強暴只是雙方的性行為而已，只要是有性經驗的女性，任何性經驗都不會造成明顯的傷害。尤其，女性的性屬性（sexuality）原本就隸屬於男性財產的一部分，因此在許多傳統的父權社會中，女性遭受性侵害只會造成擁有她的父親、丈夫等的羞恥與損失。此類迷思完全藐視女性在性與身體的自主權受到侵犯時，人格、尊嚴、生命與安全等所有方面所受到致命威脅與凌虐。

第三種「強暴欲望說」則影射多數女性具有「想要」被強暴的慾望。因此，只要她自己不想被強暴的話，一定可以逃脫被強暴的命運，畢竟女性的大腿強而有力。所謂的「針線理論」與「抵抗致死」等說法，正是此類常見的錯誤迷思。尤其，還有另一種女性喜歡男性的性暴力，或者因此可以促進性慾等迷思假設，將女性予以物化後，經常出現在熟識人性暴力與約會強暴者的合理化藉口。第四類「責備受害人」則是有「受暴女性是咎由自取」的迷思，強調女性之所以會被強暴，完全要怪她長得太漂亮或「穿著太暴露、自己言行不檢點」所致。因此，只有「壞女孩會被強暴；好女孩則不會」。另外，多怪罪受害者自己不小心，如：出入不適當場所、夜晚單獨行

動，及隨便搭便車等不良行為。這種強暴迷思轉移受害者女性的傷害，而以其穿著打扮做為責任歸屬的藉口，忽視了加害人的性暴力文化，甚至進一步以「責備受害人」淡化性暴力的結構因果，導致受害人不敢出來尋求社會支持及司法處置。

總之，歸納中外性暴力媒體的相關研究，可以發現多有以下迷思存在：

1. 性暴力受害者本身自願，或者樂在其中；
2. 性暴力受害女性是咎由自取或自做自受；
3. 性暴力受害者本身有某些偏差特質或行為；
4. 性暴力受害者會基於一些原因或理由，而謊稱受暴；
5. 性暴力受害者大多沒有盡全力抵抗不從，否則應該有脫逃的可能；
6. 性暴力的加害者大多具有心理疾病或生活壓力所致，才會透過性暴力來紓壓；
7. 性暴力的發生屬男女間的問題，不宜在公開討論。

然而有些性暴力受害者也曾想提出告訴。如同報導中所言，2014年林奕含曾嘗試到一個援助婦女的基金會，諮詢律師，準備提告加害人，結果律師卻表示：「時間過太久了、證據難以蒐證」，讓受害者求助無門而宣告放棄。在此過程中，林女歷經無數次自殺未遂與重度憂鬱症多重打擊下，艱辛地完成小說，透過書中多個女性角色，向加害者提出控訴。林女死後，其父母更透過出版社發出聲明，希望林女之死與其遺作，能成為社會借鏡，希望未來不會再出現「下一個房思琪」！

八　性侵害是社會性謀殺

不論中外，由於性侵害事件的發生舉證困難，加上受害對象可能年幼或驚慌過度等因素，讓加害者無法及時獲得遏制與懲罰。因此，過去美國一名人類學家溫克勒博士（Dr. Cathy Winkler）的自白，描述親身不幸受害過程，指控強暴其實是一種「社會性謀殺」。而臺灣過去屢次發生的如：木柵之狼、陽明山之狼，以及許多職場發生過的同公司職員侵犯女同事的慣犯案件，這些加害者人不止本身「有罪」，應該被懲罰，且許多人呈現出各種性「病態」，但只要一天不被揭發，他便可以繼續犯下罪行，而無所顧忌。至於追究原因，主要是出在「寬鬆的法律」是犯罪的溫床。如果我們把目光放到鄰國韓國，就會發現，在遏制性犯罪方面，我們法律做得還遠遠不夠。

九　韓國對於性侵害犯的做法

韓國在面對高發的性侵案，尤其是「兒童性侵」案時，訂定了一系列嚴苛的法案，如：2008年，開始強制有性犯罪前科的人，配戴電子監控器，進行移動定位，由首爾市保護觀察所隨時掌握行蹤。如果對未滿十三歲的兒童性侵或性犯罪次數高達兩次以上，罪犯即使刑滿釋放，也要在腳上戴電子監控器。2010年韓國政府更架設性犯罪前科資訊網站，讓有需要的民眾可以登入網站，查尋自己住家附近性犯罪前科者的相關資料。各個學校更可以查到半徑一公里範圍內的性侵犯罪者資

訊，加強防範。有些社區管理中心，甚至會透過郵件告知本社
區，新搬進的性犯罪前科等訊息。

參 考 影 片

1. 那拿・格林渥（監製）、妮琪・卡羅（導演）（2005）。
北國性騷擾（英語：*North Country*）。美國。

2. 公視－優人物專訪－北國性騷擾－專訪高鳳仙（BEAR
5566，2016.03.04，YouTube）
https://www.youtube.com/watch?v=-AB24x__NBk

3. 拉里・皮爾斯（導演）（1992）。怒焰狂花（英語：
Child of Rage）。美國。

4. 金永日等（監製）、李濬益（導演）（2013）。希望：為
愛重生（韓語：소원）。韓國。

5. 如何正確協助強暴受害者（BBC）（百禾文化 Harvest -
Culture，2016.11.06，YouTube）
https://www.youtube.com/watch?v=1I7f75jct-I

6. 愛與勇氣！性侵受害者親身告訴你「男女通用」有多危險
（Onion Theory，2016.09.26，YouTube）
https://www.youtube.com/watch?v=gLdGwLVcx2w

第7篇

性別與婚姻

01 小新娘

相親

傳統婚姻　童婚

　　十八歲的羅希突然接到從印度家鄉傳來的電報，上面寫著「父病危，速返。」於是羅希帶著簡單的行囊，匆匆搭上了從未搭乘過的班機。一路輾轉，舟車勞頓，三天後好不容易抵達家門。上前迎接的管家阿姨哭著說：「小少爺，你終於回來了，老爺昨晚，昨晚走了……。」滿身疲憊的羅希丟下行李，一股腦衝進爸爸的房間，看著眼前已經蓋上白布的父親遺體，羅希放聲大哭：「爸，你怎麼沒有等我，你怎麼沒有等等我……。」十二歲那年，父親瞞著羅希母親過世的消息，這讓羅希一直很不諒解，如今父親的不告而別，讓羅希再一次流淚了。

　　辦完父親的喪禮，羅希發現已經無法再回英國繼續學業了，父親過世後照顧家裡六個弟妹的責任全都落在了羅希身上。加上家裡原有的小商店，原本父親是打算讓羅希大學畢業後回家繼承，沒想到羅希都還來不及上大學，就被迫成為了「一家之主」。

　　往後的日子裡，羅希兄代父職，白天經營家族事業，晚上還要跟六個弟妹共進晚餐，和他們討論學校課業等各種問題。十二年間，不但將原先父親留下的商店經營地有聲有色，從原來的地方商店擴展到與英國合作的經銷商，並且聽從父親的遺訓，紛紛將弟妹送往英國讀書。在沉重的工作壓力下，羅希的終身大事也就擱在了一邊。

　　不過羅希的長輩們並沒有遺忘這件事情，羅希三十歲的時候，在叔伯的安排之下，透過媒妁之言，娶了一位當地望族的女兒，兩人的頭一次見面就是在結婚大典上。羅希記得那

小新娘

是一位身材高挑，年輕貌美的女子。而到了晚上曲終人散，兩人回到家，卸下一天婚禮儀式的疲憊，在客廳中坐了下來，才有機會開始首度交談。在雙方稍事休息之後，羅希赫然發現眼前卸妝後的新娘子，竟然是個如此瘦小的女孩子，與白天穿著華麗的女子判若兩人。在錯愕之餘，羅希走上前再度端詳這個小女孩，詢問：「你真的是我白天見到的那個瑪利亞嗎？」

只見小女孩羞澀地點點頭，「是啊，是我。」

「那你怎麼和白天長得完全不一樣！」

「噢，那是因為家人幫我化妝的緣故。」瑪利亞回答。

「那你幾歲？」

「我今年剛滿十六。」羅希聽後腦中一片空白，「怎麼會，叔叔們怎麼會安排這麼年輕的一個小女孩，十六歲還只是個孩子呢？」

羅希此時面臨著人生中另一個抉擇，到底是要娶還是不娶，如果這時候退婚，瑪利亞一輩子都會受人譏笑，等於是毀了她的一生。可是羅希又不想和一個未成年的女孩子完婚，這根本是……。

經過一晚的考慮之後，羅希終於做了決定。從那一晚開始，瑪利亞的臥房搬到頂樓，而羅希就睡在樓下書房中。羅希詢問瑪利亞的家庭狀況，以及她的學習情形，知道瑪利亞上高中二年級，父親是成功的商人，母親是當地有名的政治人物，可以說是望族之家。為了安排這個婚禮，雙方家庭煞費苦心，但兩個當事人卻完全被排除在外。羅希問瑪利亞是否

願意回學校繼續完成學業，小女孩點點頭。於是，結婚後，瑪利亞就開始繼續上學，而羅希也像往常一樣忙碌事業，全球各地四處飛行談生意。瑪利亞在完成高中學業後，進入當了地一所不錯的大學就讀。

讀大學期間，羅希為了讓瑪利亞專心向學，同意她住在學校宿舍，假日的時候會驅車前往學校探望。許多同學看到週末停在學校門口的轎車，以及從車上走下來彬彬有禮的紳士，而且操著一口標準的倫敦腔，許多同學為之側目，都紛紛好奇打聽：「那個人是誰啊？」

瑪利亞不假思索：「那是我的丈夫。」

「瑪利亞，可是你的先生比你大很多哦。」

瑪利亞笑著回答：「是啊，他如兄似父地照顧著我。」

偶爾瑪利亞回到家裡，羅希也會詢問她在學校的學習情況，如果某一科成績不夠理想，羅希也會在一旁數落。瑪利亞就拼命向學，以免丈夫不高興。大學畢業後，羅希發現瑪利亞對護理方面特別感興趣，於是就詢問是否要繼續讀研究所，拿一個證照。瑪利亞喜出望外，因為她以為大學畢業之後總算要步入家庭，扮演妻子的角色，沒想到羅希還鼓勵她為自己的理想而深造。

好不容易到了結婚第八年，瑪利亞終於拿到了碩士學位，並找到了護理工作。羅希為了慶祝瑪利亞的畢業，兩人終於相伴一起到歐洲旅遊，也算是彌補從沒度過的蜜月。

抵達歐洲的第一個晚上，羅希問瑪利亞想要什麼，他可以滿足。羅希心想，女人家不就是喜歡化妝品、珠寶之類的，

沒想到瑪利亞竟然回頭一字一句告訴他：「我想要離婚。」

羅希非常詫異：「這真的是你所想要的嗎？」

瑪利亞說：「你這個冷酷的丈夫，這八年來我們過著相敬如賓的日子，我一點也沒有感覺到夫妻的愛。我現在長大了，我不想過這樣的日子，我想要離婚。」

雖然瑪利亞口頭上這麼說，其實心裡只是想測試這個丈夫，試探他到底是否願意接受她做為自己真正的妻子。

果真，在歐洲的那幾天，夫妻兩個依舊分房而睡。回到印度的某一天，瑪利亞接到家裡律師的電話：「太太，先生說您要離婚，一會兒會把離婚協議書送到您手上。」

「什麼，他當真了？」瑪利亞的心情跌到谷底，沒想到丈夫八年之後還是不要自己。

然而，當天下午，律師沒來，倒是羅希親自把離婚證書帶回到了家來，放在飯桌上。瑪利亞看到離婚協議書上簽著羅希的名字，當場難過地哭了起來。

在簽完名後，羅希又詢問瑪利亞一遍：「這真的是你想要的嗎？」

「不，這不是真的我想要的，我只是想要試試你的真心。」

羅希這時彷彿放下了千斤重擔，雙手拿起離婚協議書，當場撕成碎片，之後一個箭步上前抱住抽噎的妻子：「不要哭，不要哭，我怎麼捨得不要你，你讓我等了那麼多年，你將會是我人生中最好的伴侶，我怎麼會捨得讓你走……」

隔年，瑪利亞終於為羅希產下孩子，一家過著快樂的生活。

/ 討 論 題 綱 /

1　如何看待印度、阿富汗等國家還存在的未成年女
孩子結婚？

2　試查閱印度現今女性平均結婚年齡？印度結婚有
什麼傳統？與臺灣有什麼不同？

3　童婚會產生哪些影響？危害？未成年結婚的婦女
可能會面臨什麼情況？

4　羅希身上有哪些值得欣賞的特質？

5　為何瑪利亞想離婚？

02 新娘偷跑記

傳統婚姻觀 ▸　家庭觀 ▸

女子束縛 ▸　女子名節 ▸

愛心灌溉下的幼苗
就要成長
就要茁壯
開花結果……

　　那是十多年前的一個冬夜，一通從西班牙打來的電話讓立雯媽媽從睡夢中驚醒。

　　「媽，立雯她是不是回國了？她行李都不見了！」電話那頭的葉姓女婿焦急又略帶怒氣。

　　立雯，立雯不是在西班牙嗎？手中的電話像抹了油似地滑落，立雯媽媽一時驚慌地不知所措。

　　家裡的兄弟姐妹都圍聚在一起，瘋狂地打遍了所有親戚還有認識的人電話，詢問立雯的下落，始終沒有任何消息。就在毫無頭緒的時候，一個北方來的陌生號碼讓大家稍稍放了心，但同時另一陣的憂心又襲上心頭。

　　2000年，二十歲的立雯赴市區醫院工作，透過親戚介紹，認識了城裡男孩小葉，兩人懵懵懂懂就開始了戀愛。立雯媽常對立雯說：「你和人家小葉好好處，嫁到城裡去，咱們也是有面子的。」就這樣在家人的催促下，立雯很快和小葉結婚了，不到一年便辭職跟隨小葉去了西班牙。小葉在西班牙從事商業貿易工作，而完全不通西班牙語的立雯只能在他們的出租房附近餐廳打工賺錢。

　　就這樣，在西班牙生活的兩年期間，夫妻倆一直沒回過國，也沒有娘家人去探望過立雯。立雯媽常常以自己有個遠在國外生活的女兒而驕傲，當街坊鄰居的大媽大姨詢問起，立雯媽就開始滔滔不絕地說起那美麗的國度，那異域的風情，彷彿她真的去過。

　　一回，立雯媽接到立雯的電話，連忙進房間，鎖上了門。

　　「媽，我想回去。」

「立雯你怎麼了，你在說什麼呢！」

「媽，你不知道，他，他在外面有別的女人，我很痛苦，你讓我回去吧！」電話裡頭帶著哭腔。

時間一下子好像凝固了，立雯媽覺得耳邊出奇地靜悄悄，她遲鈍了好久才吐出這麼句話：「孩子，你好好在那待著，現在日子可能苦點，但熬過去就好了，會好起來的。你這樣回來，讓咱們家面子往哪擱！」

＊　＊　＊

電話裡傳來濃重的北方男性口音：「你們不用擔心，立雯和我在一起，我會照顧好她，明天我們就一起回來見你們。」

「這孩子，一定是被這男人騙了！」

「這死丫頭，當初把她弄到西班牙去，光簽證來來回回就辦了不少錢，還偷跑回來了！」立雯的哥哥姐姐你一句我一句，咬牙切齒。全然想不到若干年後的今天大家竟都和和氣氣地坐在一個飯桌前，其樂融融地吃飯。

那個北方男人是立雯在城裡醫院工作時認識的一個製藥商，常在醫院裡推銷藥品，初見立雯便動了情，認定這就是未來要娶的女人。在追求立雯的過程中，立雯因自己已有婚約而拒絕了他，之後一直保持著朋友關係。在西班牙無人可訴說的苦悶日子裡，立雯唯一可以聊心事的只有這個北方男人，他說自己從來沒有忘過立雯，只要她回來，他願意照顧她一輩子。

第二天，當這兩人站在大家面前，說要在一起的時候，所有人都懵住了。不出意外，房間裡都是「勸分開」的話語，道德倫理利益，理性感性甚至威脅都說盡，而那個北方男人只有一句話：「我跟立雯在一起不為什麼，我就是愛她。」

如今，他們已經有了一個八歲的兒子，兩個人相互扶持，從當初擁擠的出租房搬到了寬敞明亮的高層公寓裡。立雯告訴媽媽，這個男人是全心全意地愛她，為了她，這個男人獨自承擔了很多。新買的這棟房子房產證上當時只寫了立雯的名字，他說娶到立雯就是一生中最大的財富。遠在北方的公公婆婆對這毫不知情，關於兒子是多麼辛苦才和立雯走到一起，也始終被蒙在鼓裡。

立雯的笑容裡，可以看出如今的她有多麼幸福。

翻轉性別教育

/ 討 論 題 綱 /

1 為何家人都不願讓立雯回國？

2 試描述立雯決定回國這一期間心裡可能的掙扎？

3 你如何看待北方男人選擇對父母保密關於立雯之前婚姻這件事？

4 再婚男、女在社會中的處境有何不同？

5 試討論「遠距戀愛」的可行與不可行。

新娘偷跑記

03 萬里尋夫

翻轉性別教育

家庭與婚姻

宿命觀　家鄉情懷

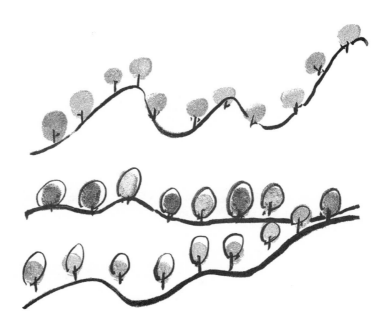

　　那一年，十八歲的香君在家人媒妁之言下，嫁給了鄰村小她一歲的小汪。雖然婚前家人提過這個人，但初次見面，是在洞房花燭夜。記得那時候的小汪清瘦高挑、濃眉鳳眼，說起話來幾分羞澀，彷彿鄰家的弟弟，不敢正眼瞧一下女生。初次見面，香君心裡暗念：就是這個「老鄉」了！

　　婚後不久，國共內戰越演越烈，八陸軍以西北做根據地，以農村包圍城市之勢，逐漸攻陷許多國軍的地盤，並逐步進逼附近各大城鎮，連香君住的村莊也難以倖免！記得那一個冬夜，屋外正在飄雪。正當家人圍著爐火，準備開伙，一陣急促的敲門聲打斷了眾人的談話。只見隔壁的堂兄氣喘吁吁地趕來通報：「八路軍要來了，能走的，趕緊走吧！」

　　小汪排行老五，屬家裡的么兒，底下還有一個妹妹小蘭。公婆與家中長輩們似乎早已心裡有數，立即要小汪等人趕快離家避風頭。香君面對這突如其來的分離，在一陣荒亂中，趕忙用最快的速度進屋為丈夫收拾行囊。小汪向父母高堂磕頭拜別後，拾起行囊，匆匆出門。香君只能在窗邊含淚目送丈夫離去，在蕭瑟的秋風中漸行漸遠。小汪的身影突然轉過身來，彷彿在對我招手說：「後會有期！」

　　而後是一場無止境的夢魘！隨著八路軍進到了村莊，打著無產階級專政、窮人翻身的旗號，略有家產的汪家首當其衝，成為遭清算的「頭號敵人」，家中的田產被沒收充公，所有人被掃地出門，不願屈服的公公成為階下囚，活活餓死；幾個年輕力壯的兄長們，大多受盡凌辱，有的被活活打死，有的被逼自盡。汪家一夕之間家破人亡。

　　沒想到香君竟然能躲過一劫。為了替汪家留下一脈香火，在親人的協助下，趁著夜黑風高，帶著二伯臨終前託付的三歲女兒，偷偷離開了西北老家，啟程尋找加入國軍的丈夫。一路上翻山越嶺，憑著小汪祕密託人捎來的地址，帶著稚女，萬里尋夫。

　　幾個月後，隨著流亡人群來到太原，眼看著國軍撤退時擠滿乘客的最後一班飛機，既身無分文、又抱著小孩的香君，一個女人家眼看登機無望，連忙拿出丈夫的姓名與部隊番號，向登機口的軍官苦苦哀幾乎跪求，沒想到這位竟然是丈夫的舊識，一個箭步上來，勉強擠出兩個空位，叫香君趕忙上飛機。

　　也不知過了多久，擠滿了人的飛機落地後，眾人紛紛拖著疲憊的身軀，緩緩步出陌生的機場。香君一手抱著沉睡的孩子，一手緊握丈夫僅有的紙條，沿途問人，從黃昏一直到夜幕低垂。最後遇到一部軍車，對方問明原委後，竟然願意載她們一程到營區門口。也不知在大門崗哨站佇立多久，彷彿又等了一個世紀，在飢寒、忐忑中總算瞥見一個既熟悉又陌生的身影，遠遠從夜色中走來，直到一身戎裝的丈夫出現在眼前。

　　夫妻久別重逢，一時竟然激動地說不出話來。過了許久，回過神後，香君眼淚像決了堤般洶湧而出，一邊哭，一邊敘述小汪離家後，家破人亡的遭遇。至於丈夫自從離家後即加入國軍。短短幾年間，南征北討，雖然早已耳聞家鄉的事故，但親耳聽到香君的娓娓道來後，才真正面對家人慘遭殺

害的國仇家恨。壓抑多時的悲憤，一時間全部湧上心頭，緊緊握住的雙拳，顫抖地不知該揮向何處。香君藉著昏暗的燈光，端詳著久別重逢的丈夫，眼前這個壯碩的年輕軍官，卻滿臉滄桑，已非當年遠在家鄉的那個青澀老鄉。

隨後，香君也跟著丈夫投入軍旅生涯。民國39年，夫妻兩人隨著國軍撤退到澎湖，初抵這個荒蕪之島，在極端艱困的環境下，一家三口勉強度日。直到民國41年，部隊再度移師，來到北臺灣落腳。小汪後來靠著夜校，完成學業，並覓得一份軍校教職。至於香君則在退伍後，開始操持家務，一直到婚後二十年，才陸續生了三個小孩，一家六口擠在狹小的眷村中過活。

往後多年，香君含辛茹苦，靠著丈夫微薄的糧餉，胼手胝足地將四個孩子拉拔長大。孩子還小的時候，每晚教他們背誦三字經、千家詩及論語、孟子等古籍，並經常訴說家鄉故事，希望兒女不要忘了西北的老家！為了不負二伯的託孤，在物資極度欠缺的年代，也想盡辦法，到處張羅學費，全力培養姪女，讓她完成醫學院的學業。

小汪過世後，九五高齡的香君，早已耳不聰、目不明，卻經常能與記憶中的家人對話，彷彿又回到黃土高原上的大宅院，讓她重倚著窗邊，對著青澀少年呼喚：「老鄉，走慢點，等等我……。」因為香君心裡明白：世界上最遠的距離，是我們隔著一條三途河，我再也無法追上你。世界上最近的距離，是我們隔著一條三途河，你卻一直在我心裡……。

翻
轉
性
別
教
育

/ 討 論 題 綱 /

① 請回顧1920到1940年代，大陸與臺灣的性別時
代背景與歷史脈絡，包括當時的人口、性別比
例、教育程度、性別觀念等社會傳統。

② 香君為何要帶著二伯的女兒，萬里尋夫？其過程
中可能發生哪些事情？

③ 香君後來生第一胎時是幾歲？高齡產婦需注意哪
些事情？

④ 你曾到過或看過臺灣的眷村嗎？什麼是眷村生
活？

⑤ 如果故事中的這對夫妻生活在現在，他們會有什
麼不同的選擇？為什麼？

04 家門換鎖後

第三者　　　　性別分工

家庭分工　　　親子關係

婚姻忠誠　　　平等關係

傳統性別角色分工　　性別階層化

十五年前，慧心因代丈夫處理海外投資理財，略有虧損，正在煩惱該贖回還是持續加碼投資的時候，某夜在床上夫妻燕爾之後，慧心向先生全盤托出真相，希望老公可以提出建議。沒想到那一晚先生心情很好，不但不生氣，反而開玩笑地說要她簽下離婚切結書，做為理財失利的處分，提醒以後要更加謹慎處理財務投資。當時慧心不疑有他，就在丈夫半哄半騙、半開玩笑的口吻中，隨即在床上簽字，心想反正老公只是在開玩笑而已。沒想到幾天後，外出購物返回家門，發現鑰匙不對，無法進門！在詢問大廈管理員後，聽說是她先生叫人來換鎖，還說他們已離婚等等。由於當時兩個孩子送出國門，一時又聯繫不到先生，在無法進入家門的情況下，只好自行北上，返回娘家。隔日打電話給丈夫不接，幾天後就收到律師通知離婚，甚至連回去收拾行李的機會都不給。丈夫更絕情地以慧心沒工作為由，剝奪子女監護權、銀行存款、信用卡與許多財產權利，一夕之間斷了她所有的經濟來源。因為慧心先前毫無戒心的情況下，簽下離婚文件，甚至還被對方告詐欺，必須出庭問訊。在幾度求援未果後，只好放棄這段婚姻。沒想到三個月後，前夫很快辦理結婚手續，將即將臨盆的小三接到新的住處，另組家庭。

幾乎患上憂鬱症的慧心，先後到婦女新知與離婚法律顧問，接受諮商輔導，也為這一段十多年的婚姻生活唏噓不已。慧心與前夫是大學班對，從大一起丈夫上課座位就排在她的後面，雖然先生很有「女生緣」，但他知道慧心為人善解人意，頗獲父母歡心，將來會是家庭與事業上的得力助

手。兩人同班四年，加上先生退伍後，兩人緊接著順理成章地步入禮堂。她回想就在結婚那天，發現丈夫有一段時間一直對著話筒做某種解釋，憑著女人的直覺，好像是一個外遇的女人！可是婚禮已經箭在弦上，又不忍讓雙方家長失望，牙關一咬，就毫不猶豫地步入婚姻。婚後兒女很快來到，丈夫在補教界一展長才，不久就闖出名號，幾年內一躍成為補教名師，經常南北搭機授課，十分搶手。

與此同時，慧心則退居幕後，成為相夫教子的賢妻良母，平時除了接送小孩上學補習外，還身兼丈夫的秘書。當時電腦還不普及，慧心必須經常幫丈夫找上課資料、上課前用打字機協助準備教材與講義。此外，還得幫丈夫打理門面，洗衣、燙襯衫衣褲，從頭到腳把他打扮成光鮮的紳士名流。常常晚上哄孩子上床後，不敢就寢，一直等到夜歸的丈夫，為他準備消夜，充當他的忠實聽眾與出氣筒！那些年，慧心凡事都選擇順服丈夫的意見，認為這是太太應盡的義務，即使丈夫要求下班一定要在家中守候開門，慧心也儘量配合，不敢隨便回娘家或參加同學會。即便有事外出或北上，也一定會趕在丈夫進門前返家，以免丈夫不高興。

十多年夫婦同心協力，家裡的存款提高到九位數，成為銀行的重要顧客，房子也越換越大，車子越來越豪華。每年全家都會出國旅遊，甚至將國小畢業的孩子送到國外寄宿中學就讀。外表上，慧心可說衣食無缺、應有盡有，可是私底下丈夫婚前女朋友不斷的習慣，婚後更是變本加厲；出軌變成常態，且必須靠不斷外遇來肯定自我與紓解工作壓力。面對

這些不為外人所知的痛苦，慧心經常必須靠吃安眠藥入眠，嚴重的時候，夫妻之間為外遇爭吵，而幾度割腕自殘。為了兒女與顧及家庭圓滿，最後慧心總是忍氣吞聲，在外人面前佯裝相安無事。直到最後一個同在補習班教書的外遇同事，竟能向丈夫步步獻策，在機關算盡後，先生決定拋妻棄子，她也達到鳩佔鵲巢的目的。

由於丈夫無暇他顧國外正處青少年階段的子女，慧心總算可以繼續關照他們。有一年，十六歲的女兒返國，幾度前往父親任職的補習班探望，但都被他「放鴿子」。尤其有一次，父親以還在上課為藉口，讓女兒在辦公室等候多時，最後讓外遇的新歡轉送以下信件：

○○小姐，我已經有我的生活，你也有你自己的道路要走，我們的情分已了，此後你海闊天空，各走各的……

看到這封信的女兒，是何等傷心與失望！父母雖然離異，但連孩子都不要了的案例尚不多見，尤其女兒堪稱丈夫從小的掌上明珠，疼愛有加。如今卻因另結新歡，就狠心與女兒斷絕關係。如此殘忍的話語與行動，等同遺棄了未成年的孩子，也嚴重傷害了自己的骨肉！另一方面，在與深受公婆鍾愛的慧心離異後，前夫因遭受父母責備，最後乾脆狠心的拋下父母，形同路人。

俗諺：上帝關了一扇門，會另外開一扇窗。離婚後的慧心，彷彿是一隻脫離樊籠的小鳥，重新獲得自由與自信。在

家人、朋友的鼓勵與支持下，慧心逐漸走出失婚的陰影，變得堅強與獨立，甚至重回職場，找到自己的一片天空。至於一雙兒女則靠著獎學金，順利完成學業，成為專業人士，有了穩定的工作，並經常接慧心一起生活。

　　近幾年，偶爾會在報章雜誌上看到，前夫等人搖身一變，以宗教善人之姿，出現在眾人面前。縱使慧心感慨萬千，但已能對於這段被迫離家的遭遇心存感激，畢竟因為前夫的放手，慧心才能擁有當前自得的生活，孩子也因此學會獨立而更珍惜家人。

/ 討 論 題 綱 /

1 請試著想像如果有一天你像慧心一樣,無法開門回家,你會有哪些反應?

2 故事中的慧心最後選擇離婚一途,如果你是她,你會如何尋求協助(包括:法律途徑、財產、兒女歸屬等)?尋求自保?國內有哪些機構可以提供協助?婚變一事對於慧心的兒女,尤其是兩度尋父被拒的女兒,有何影響?

3 慧心的前夫是所謂的womanizer(沉溺於女色的人),從婚前到婚後外遇不斷,前夫是怎樣的心態?有無心理疾病可能?你周遭有這類人嗎?

4 為何有人會成為「女人或男人的殺手」:小三?這些是天生或後天因素造成?請分析小三的心態。

5 從臺灣近十年來婚變(包括外遇、分居、離婚、子女監護權訴訟等)事件的統計來看,性別比例為何?

6 為何需要婚姻制度,其由來為何?如果以後沒有婚姻制度,社會將變成什麼樣?

05 裁縫車婆婆

婚姻與家庭	家務分工
婆媳關係	親子關係
女性角色	身體意識

2004年8月底的某個晚上，蕙蘭與家人在淡水和信醫院開會，由婆婆的主治醫師為大家進行病情簡報，並推估約患有血癌的婆婆，最多只剩三個月的生命。眾人聽後一開始靜默不語，接著眼淚撲簌而下。等到蕙蘭獨自返回社區時已近午夜，步下公車發現整個社區大停電，一個人在漆黑中踽踽獨行，彷彿在訴說著婆婆失去光明的未來。

關於婆婆的病倒因素，蕙蘭內心存著後悔，在她公公病倒後的六、七年間，婆婆照顧負擔太大，等到聘請外勞時，婆婆幾乎心力交瘁，為時已晚。畢竟七十歲的年老婦人，體力有限，雖然兒女媳婦都會晨昏定省，探望病人，但面對老伴長期不斷進出醫院與老去，其間的沉重負荷與壓力，實在難以評估！終於在公公過世後不到一年期間，婆婆即被宣判只剩三個月……

回首前塵往事，總有一絲不捨與感傷。1984年農曆年前夕，蕙蘭初次與婆婆相見。一進門首先印入眼簾的畫面難以忘懷。唐代劉禹錫那首〈陋室銘〉描述著：「山不在高，有仙則名；水不在深，有龍則靈。斯是陋室，惟吾德馨。」在一間不到十坪的公車處宿舍，擠近十口之家，在卑微中營造出滿室的溫馨與書香之氣！

在戰後物資缺乏的年代，不知婆婆是如何讓七個孩子逢年過節有新衣穿？對於兒女爭吵時，為母的可以不動氣打罵，而讓孩子認錯懺悔！或許是自幼受到母親照顧病榻上的外婆，數十寒暑不眠不休身教的耳濡目染所感動。總之，能夠看到一個事親至孝、兄友弟恭的家庭，十分難得。而其中的

關鍵人物，非婆婆莫屬。

　　尤其在蕙蘭夫妻赴美留學期間，在國外諸多生活與學習壓力下，夫妻偶爾發生口角，蕙蘭會一氣之下，離家出走，自行開上高速公路，投靠友人，並撥打越洋電話，向婆婆隔空告狀。聽到話筒彼端婆婆一直重複：

　　「怎麼會這樣？怎麼可以讓你如此生氣？你千萬要多忍耐，我一定會數落他的不是……」

　　當時婆婆能夠不偏袒自己的兒子，懂得安撫媳婦的不滿，這份智慧與用心，不但化解年輕夫妻的爭執，也為往後婆媳關係建立穩固的信賴與情感。相較於蕙蘭自己母親因長年在外工作，無暇家務的忙碌，婆婆的溫柔婉約與細膩周到，正好成了絕佳對比。這些都表現在她對於兒女說話時的輕聲細語，對於公公的尊重與支持，尤其願意傾聽與接納媳婦女婿的吐苦水。

　　婚後為補貼家用，蕙蘭的婆婆在鎮上做裁縫。除了擅長為家人兒女縫製各式精緻衣物外，也到兵工廠應徵裁縫師，經常為趕製子彈布袋，連夜趕工，稍微一個不留神，縫紉機的針頭就會刺穿大拇指，血流如注……。然而為了家計，強忍痛楚，簡單包紮後，繼續工作。

　　除了會做衣服，蕙蘭的婆婆也很會做菜。每回下班後，不管是清蒸小菜或麵類湯食，婆婆都會親自下廚，快速地端出幾道好菜。飯後還不忘削好新鮮水果，擺上餐桌，以便慰勞在職場打拼的家人！那一盤盤充滿愛心的飯菜與水果，迄今令人懷念不已！

　　雖然日據時代僅上六年小學，但聰慧的婆婆，寫字工整，認真向學。後來即使在進入耳順之年，仍利用晚上到附近長青學苑上學，好幾年力學不懈，畢業時還因此當選老齡模範生！

　　而後在醫師宣布只剩三個月的生命時，蕙蘭的婆婆樂觀以對，從此她每天下午都會到附近國小或河濱公園，推著輪椅或助步器，一圈一圈地繞著操場行走。看她時而舉步維艱，或者體力稍有不濟，喘吁不已，但她仍然堅持每次要走完全程，可見她堅強的意志力！憑著這股毅力，她破除了醫師原先「三個月」壽命的預判，比原先預期多出了四十多個「三個月」。即使在倒數的日子裡，她依然默默承受無法言語，與難以正常進食的孤寂，堅持到底！她透過身教與言教，為後代子孫樹立生命典範！

翻轉性別教育

/ 討 論 題 綱 /

➊ 什麼叫「代溝」？代溝的產生除了不同世代之間外，還有可能出現在哪些方面？

➋ 結婚代表什麼意義？請從社會、教育與法律等層面探討。

➌ 請想像蕙蘭與先生之間婚後即出國留學，可能出現哪些意見與價值不同之處？

➍ 故事中的婆媳之間最可能發生哪些問題？遇到這些婆媳問題，如何解決？請訪問一位七、八十歲的奶奶級女性，談談她的成長、婚姻、婆媳關係，甚至養育兒女與戀愛經驗。

➎ 何謂「久病無孝子」？為什麼需要長照政策？你了解臺灣男女平均壽命與健康情況嗎？

裁縫車婆婆

翻轉性別教育

06 當黃昏像世界末日

家庭與婚姻 ▶ 原生家庭 ▶

家庭財務分配 ▶ 門當戶對 ▶

家務分工 ▶ 社會規範 ▶ 憂鬱症 ▶

退休不久，在某次健康檢查中，莉莉發現罹患卵巢癌第三期。在一連串住院、開刀、治療、術後追蹤的過程中，不知何時，憂鬱症竟然悄悄找上門。即便後來戰勝了癌症，可是每到黃昏，整個人就好像站在懸崖邊，有著即將墜落谷底般的恐慌。於是，莉莉再度住院，接受心理治療，而過程卻是比抗癌治療千百倍艱難。尤其每到黃昏的時候，整個人就會被莫名的恐慌圍繞，彷彿要被黑暗吞沒。

在一旁的先生會勸莉莉：「你何必這麼憂國憂民，擔心這麼多。兒子在外求學，隨時可以和你用LINE聯繫。即使家裡還有其他孩子需要住院手術，但醫療團隊都樂觀以對。何況還有一個愛你與支持你的老公，你還擔心什麼？」

儘管如此，莉莉仍然每天心慌慌地過日子，彷彿回到大學聯考放榜前的忐忑與不安。後來，有朋友提醒許多人的心理問題，其實與原生家庭，尤其是童年時不愉快的經驗有關。於是莉莉嘗試打開記憶的匣子，重新回到小時候。那時住家附近有一家診所，常常在走廊下擺出鋪著白布的病人遺體。莉莉每次放學經過看到的時候，都會害怕得以跑百米的速度飛奔而過，至今想起，仍心有餘悸。

那個時候，家裡其實很不平靜，父母親經常為了金錢與應酬，而爭吵不休。很早就結婚的爸媽，在十七、八歲時便生下莉莉。念小學的時候，才二十出頭的父親因為經商，常常在外應酬到深夜不歸。獨守空閨且缺乏安全感的母親，滿腹的委屈與怨氣，經常帶著莉莉，搭三輪車穿梭在大街小巷，尋找丈夫蹤跡。有一次，把五、六歲正在熟睡中的莉莉，從

被窩裡挖起來，母親口中喃喃自語：「快點起來，快點起來，我知道你爸爸在哪裡，我們去把他叫回來！」

在一個下著毛毛雨的深夜，母親匆忙為莉莉套上一件外衣，就拉著她跑出門，一直找到小鎮上的某一人家才停步。莉莉約略聽到屋內傳來陣陣麻將聲與人聲喧囂。母親接著把莉莉抱起來，像扔包裹般把她「丟進」窗戶內，並催促莉莉趕快去找爸爸。抬頭看到正在麻將桌上廝殺的父親，莉莉連忙大叫：「阿爸，阿母要我來找你回家啦！」

這一喊，引來全場人一陣哄堂大笑，旁邊的一個叔叔打趣說：「水塘，怕老婆就不要玩到這麼晚，看你的查某連孩子都帶出來找你了，你還是乖乖回去吧，哈哈！」

回到家，爸爸惱羞成怒，覺得母親讓他在朋友面前沒面子，而母親則認為爸爸太過分，寧可在外面玩到三更半夜，也不顧家裡死活！一時之間，夫妻大打出手，家裡杯盤碗筷四處亂飛。此刻莉莉只能無助地躲在牆角，搗著雙眼啜泣，假裝沒看見。

儘管父母感情不睦，爭吵不斷，但在莉莉國小時，爸爸賺了不少錢，心情好的時候常會給小孩買貴的衣服與玩具。一直到念大學，莉莉還會向父親要錢，買金色高跟鞋，藏在包包裡帶去學校，一到下課，便會以飛快的速度趕到大學舞會，一展身手與大出風頭。因此，當其他同學都還清湯掛麵時，莉莉就已經打扮時髦，且身旁不乏追求者。

大學畢業後，莉莉很快找到教職，鄰座同事是一個來自鄉下、舉止有些土氣，教國文的男老師。可能是工作上近水樓

臺，或者正處於男友出國留學的空窗期，兩個人聊著聊，竟然碰出愛苗。最後，莉莉放棄美國的男友，點頭嫁給隔壁這個鄉巴佬老公。

那次回鄉下結婚的情景，竟讓莉莉這個臺北花花世界長大的大小姐，終生難忘。婆家住在一個遇雨會漏水，刮風會漏風的「土角厝」。為了安排新房，公公勉強在陋屋一角，臨時用兩片木板搭起來一個「新床」。那個床是只要人一躺上去，就會嘎嘎作響，因此莉莉只要睡上去便不敢翻身。另外，夜裡入睡時，還冷不防從房屋縫隙中吹來一陣陣颼颼冷風。由於屋內沒有廁所，每次莉莉內急時，就要丈夫提著油燈，陪她走到隔壁茅房，讓她如臨大敵地如廁。

在婚禮上異常高興的公公，原來從年輕起即在外面搞外遇，全然不顧妻小死活。這個家全是靠著婆婆打零工、種田，苦守寒窗，把四個兒女撫養長大。而身為獨子的老公，則是婆婆下半生的唯一依靠。那時候，莉莉夫婦每人一個月的薪水是臺幣三千元，丈夫把自己的薪水寄回家，只剩莉莉那一份租房子生活。後來朋友看不過去，借給莉莉一萬塊，讓新婚夫婦買新床、電視與冰箱。婚後日子常常捉襟見肘，莉莉於是學會理財投資，希望早日擺脫貧窮的歲月。

三十年過去了，丈夫按月將自己的薪水寄回老家！好不容易有段時間，透過標會，莉莉夫妻攢足了一筆積蓄，替鄉下老家翻修成水泥房。新屋落成後，離婚的小姑未經過他們的同意，以陪伴老母為由，竟搬回娘家。結果，每個月寄回去給老母的安家費，小姑自然有份。有一回，除夕回鄉下團

聚，小姑自告奮勇為莉莉一家人張羅團圓飯，儘管莉莉給足了她所需的預算，晚上擺在飯桌上的卻只有幾盤寒酸到不行的小菜。同行的兒子實在嚥不下口，建議說：「媽媽，我們能不能回家吃泡麵？」

面對這樣的家人與場景，令人備感無奈。莉莉常在想，會不會是因為這些不快的原生家庭經驗，經年累月，讓自己在不知不覺中，罹患癌症與憂鬱症？可以肯定的是：每一個人出生前，都沒有選擇父母或家庭的權利。尤其遇到心智尚未成熟的父母，或者缺乏責任感的夫妻，這些家庭小孩的未來堪憂。

莉莉自己的母親與婆婆，都有著遇人不淑的命運，雖然一生好像油麻菜籽命，風吹到哪裡，就落到哪，但她們都異常堅強，從不逃避自己的人生。有別於這兩位女性，莉莉的丈夫可說是「歹竹出好筍」，自己力爭上游，超越原生家庭的不幸，而成為優秀學者，也十分之愛家與顧家。在丈夫的陪伴、家人的支持與信仰下，莉莉相信，有一天必定可以走出死蔭的幽谷。

/ 討 論 題 綱 /

① 為什麼故事中莉莉會覺得黃昏像末日？這可能是哪方面的身心問題？

② 什麼叫「憂鬱症」？

③ 請描述一下莉莉的原生家庭存在哪些問題？對未成年的孩子有哪方面的影響？

④ 家庭暴力與家庭性侵害對於下一代可能的影響有哪些？請介紹一下自己的原生家庭，與父母（或監護人）管教態度對你個人有何影響？

⑤ 什麼叫「長期照護」政策？長照制度究竟應屬保險，還是社會福利？請討論。

當黃昏像世界末日

07 把孩子重新生下來

失去小孩的家庭關懷

男女在抗壓受挫以及
自我情感修復能力上的差異

親子關係　　夫妻相處

一個「三喜臨門」的早晨，佑慧提醒即將騎車上學的兒子，別忘了今晚的家庭聚會。許多親戚會一起來慶祝家裡的三喜，包括：兒子的生日、佑慧拿到博士學位，以及佑慧夫婦二十週年結婚紀念日。兒子點點頭，發動摩托車，揚長而去。佑慧和丈夫也急忙出門，各自去上班。這原是一個歡樂的日子，聽話體貼的兒子，在十九年前出生，現在都讀大二了。佑慧則是經過六年的兼職學生生活，好不容易完成論文，拿到博士學位。而夫妻的結婚紀念日也剛好在這幾天。因此大家決定這個週五的晚上，邀請親朋好友來家裡慶祝。佑慧為了這個聚會，也籌劃了好幾個禮拜，包括選定外燴餐廳、吃的菜色、播放的音樂、出席的服裝、邀請的親友名單等。長期在職場工作的她，已經習慣充分利用時間，在同時身兼妻子、母親、老師、學生等各種角色中，都做得有聲有色。佑慧的先生在私人公司擔任小主管，是個關心小孩、寵愛老婆的好老公。佑慧認為上天十分眷顧她，讓她同時擁有丈夫和兒子這兩個男人的愛。

只是不知怎地，今天佑慧的眼皮直跳，有一種不安的感覺襲上心頭。上午十點左右，辦公室的電話突然響起，一個陌生男子打電話來核對她與兒子的名字。就在佑慧心存狐疑的時候，對方要她盡快來新北市的某家醫院急診室，她的兒子剛出車禍。

佑慧腦中一片空白，隨即抓起皮包，跟隔壁的同事說聲：「幫我請假一下，我要趕到醫院去，我的兒子出了車禍……」順道在出發前，通知了丈夫。等到兩人趕到醫院後，發現孩

子身上已蓋上白布，露出的右手上還沾著血跡。佑慧抓住身旁的護士，「怎麼回事？我的兒子呢？我的兒子呢？」她整個人幾乎癱坐在地上，勉強被先生扶起後，發現先生的雙手也在顫抖，淚水在鏡片後打轉。「請問……到底發生了什麼事？」先生焦急地問道。在旁有警察來做筆錄，還一個陌生粗壯的中年男子，一臉驚慌的表情。交通警察告訴佑慧，今早約莫九點半的時候，在新北市的某條道路上，發生一起致命車禍，一個年近二十歲的摩托車騎士，被一個載貨卡車的右後方掃到，很快被捲入車輪，當場死亡。佑慧聽到這裡，眼前一片漆黑，整個人昏厥過去。也不知過了多久，醒來之後發現先生、家人都圍在旁邊。佑慧放聲大哭：「把我兒子還來，我的兒子啊，你不能死，你不能死，你這一走，老爸老媽怎麼辦……」

這一個原本慶祝三喜臨門的快樂日子，一下子全變了調。聽同學說，早上兒子出門後，中途又折回家門，拿了一份差點遺忘、今天要繳的作業，結果在騎回學校的路上遇到不幸。佑慧聽到這個敘述，知道兒子是個認真的學生，忘記作業一定會回來拿，結果卻賠上性命。佑慧完全無法接受這個殘酷的現實，不斷告訴自己：「這不是真的，我的兒子等下就會回來……」

幾個月過去了，辦完兒子的喪禮以及與卡車司機進入司法程序。然而面對如今空蕩蕩的房子，往日兒子的呼叫聲、調皮搗蛋聲，好像依然在家裡迴盪著。每當下班回家，兩個年近半百的夫婦，坐在客廳裡，面面相覷，你看我，我看你，

看著看著又忍不住哭了起來。丈夫的頭髮這幾個月突然轉白了，佑慧也因傷心過度食不下嚥，整個人瘦了一大圈。親友都勸佑慧夫妻去看精神科醫生，兩個人的醫生都開了抗憂鬱的藥物，勸他們兩人想開一點，請假出去散散心。

回想起過去一家三口一起出國旅遊，一同上山下海的情景，令人格外感傷！好像還在幼稚園陪著兒子上學，進小學，參加高中聯考，考上大學，然後聽他談交女友的趣事。這些都好像昨天發生的事一樣。到現在兒子的房間，佑慧還不敢進去整理。房間裡的被子沒有褶過，一件睡衣還掉落在地上，所有的一切都停留在兒子出事前的模樣。如今，這個孩子一下子從空氣中蒸發了，可是所有與他有關的記憶卻越來越鮮明。佑慧甚至聽到兒子像往常回家一般嚷著：「老媽，肚子好餓，有東西吃嗎？」

接下來該怎麼辦？佑慧和先生彷彿走到了生命盡頭，兩個人幾十年的奮鬥一下子失去了意義，真不知道該如何走下去。直到兒子出事後的一年，某次跟朋友談話時，對方提到一個膝下無子的親戚，在五十二歲時喜獲麟兒，為家裡帶來了嶄新的生命力，於是也勸佑慧夫婦考慮再生一個孩子。

「是啊，為什麼不試試再生一個孩子呢？」佑慧心裡開始動搖，可是夫妻倆都年紀一大把了，除非奇蹟出現，否則哪有可能再懷孕？不久，很多熱心的鄰居、親友聽到佑慧有重新懷孕的考慮，都紛紛來提供訊息，有的極力推薦自己懷孕時的婦產醫生，有的建議調理身子的中醫；佑慧的一個學妹甚至主動願意提供卵子，甚至幫她找代理孕母等，所有的人

都期望這對夫婦能重獲笑容。

於是佑慧夫婦開始跑醫院，無論是西醫檢查、人工受孕、中醫調理，都一一嘗試，結果卻無功而返。可是佑慧不放棄，終於在兒子過世後第二年年底，人工受孕成功，九個多月後順利產下一對龍鳳胎。其中男孩長得彷彿是他哥哥的翻版，讓佑慧夫妻既驚又喜，旁人也大呼奇蹟。

有過喪子之痛的經歷，佑慧對於能夠重新喜獲兒女，心情十分複雜。重新當人父母，一切都得重來，加上這回成了老爸媽，未來陪伴孩子的時間有限，除了在孩子小的時候，儘量陪伴外，也拜託了自己的弟媳與家人參與，及從旁協助照料。做爸爸的下班後，更是寸步不離地陪著孩子，讓他們當馬騎、替他們讀故事書。至於佑慧這回似乎看開了母子的緣分，一方面感謝上蒼與現代醫學，讓她能夠再次懷孕生子，讓家裡再度有了天倫之樂。一方面在失而復得中，心境變得更為平靜，不再大喜大悲，患得患失。

一次帶著兩個幼子，到靈骨塔探望哥哥。佑慧撫摸著哥哥的照片，告訴兩個小弟妹：「這是你們未曾謀面的哥哥，他是一個超級棒的哥哥，你們要永遠記得他。」

/ 討 論 題 綱 /

1 文中的「三喜臨門」是指什麼？你有過這些經驗嗎？

2 請描述一下事故發生以來，主人翁夫婦經歷過哪些生理與心理復健過程？

3 請描述騎機車的好處與缺點？

4 全臺有多少機車數量？肇事率佔總車禍比例多少？如何騎車騎得安全？

5 小孩在婚姻中究竟佔有何角色，否則佑慧夫婦為何要重新生育兒女？

6 請描述自己與父母或家人相處的最快樂與最悲傷的經驗？

案 例 解 析
與
簡 答 ▶▶

　　本章的案例故事基本以婚姻家庭為主軸。在多數人類社會裡，女性往往是家庭照顧者的身分，孩子、家中老人等照顧責任基本都落在女性頭上。大部分家庭都有著相似的家務分工（division of household labor）模式：父親是養家活口的人，媽媽是家庭照顧者，男性做有給的工作，女性做無給的家務勞動，也就是常說的「女主內，男主外」。以及家庭中對於生育小孩，還存有一種母職（mothering）的迷思，即孩子可以促進夫妻情感，女人不生小孩則被視為是自私的行為。同時，婚姻的宿命觀（fatalism），即將婚姻關係視為既定的、不可更改的社會制度，將婦女地位禁錮，認為已婚婦女要同時扮演美麗氣質與模範母親的角色（賢妻良母），成為人母後，女人一定要包容忍受等（林如萍，2008），如本章案例四中的慧心所經歷的生活。

一 童婚

　　本章案例一中的小新娘涉及童婚議題，在我們的《民法》中，臺灣女性結婚合法年齡是十六歲，男性為十八歲，主要著眼點在於每個人生理和心理的成熟度。《刑法》上規定與十六歲以下之男、女發生性行為，無論對方是否同意都會觸法，如果是雙方「情投意合」前提下，而對方十四歲以上未滿十六歲時，行為人最高可處七年以下有期徒刑，若對方未滿十四歲時，行為人最高則可處三年以上十年以下有期徒刑。而在印度，據聯合國數據顯示，2011年印度平均結婚年齡達到了近二十一歲，比1991年的十九點三歲有所提高。1980年後出生的已婚女性中有41%的人在十六到十八歲出嫁。另有24%選擇十九到二十一歲，僅有11.5%的人選擇二十二到二十五歲（印度時報，2012）。2017年，印度GST稅制改革中，將女性月經衛生棉徵收12%-24%的奢侈品稅，完全忽視女性每月生理期對衛生棉這一必需品的需求，將女性視為一種財產或貨物概念。而這方面的錯誤觀念，必須靠女性自己爭取。

二 女性解放

　　美國的婦女運動口號曾提出：「個人即政治」（the personal is political）、「意識揚升」（consciousness raising）、「姐妹情誼」（sisterhood）、「賦權」（empowerment）。臺灣在清末時期，由西洋傳教士發起的「興女學」等活動，戰後呂秀蓮

發起的「先做人，再做男人或女人」等意識，都旨在強調解放女性。近百年來，女性解放運動中有幾個重要的里程碑，一是二十世紀初的第一臺電動洗衣機發明，讓女性從家庭的洗衣勞務中解脫出來；其次是1950年代口服避孕藥的問世，讓女性可以控制自己的懷孕時機，避免了不斷懷孕之苦；第三是女性開始接受高等教育，女性得以有機會上大學。也正是這一解放，許多國家現在正面臨著男孩危機，很多女性在高等教育中的表現都超過男性。

三 再 婚

在過去傳統中國社會裡極端講求禮教，對婦女貞節要求相當高，再加以父系觀念作祟，因此僅有「休妻」之說，而少見「離婚」；即便至清末，西風東漸，「離婚」對中國人而言也是一種不光采、有辱門風之事。但曾幾何時，「離婚」不再被汙名化。例如，2016年臺灣的離婚對數佔有偶對數的10.1%（統計處，2016），雖不如歐美國家，但已經超過大部分亞洲國家。除了離婚逐漸被社會大眾所接受外，離婚者之後的婚姻狀況亦是值得關注；不過，受到中國傳統禮教的束縛，即便是今日較開放的社會型態，藍采風（1996）比較1971與1990年的再婚率，發現男女離婚者與喪偶者的再婚率雖有上升的趨勢，但再婚者仍以男性為主；而從2002年內政部統計資料中亦可發現此相同現象，男性再婚率為千分之50.9，遠高於女性的千分之16.6。

　　周玕霈（2004）提出影響再婚的六個因素：年齡、高齡者再婚、性別、社會階層、工作狀況與職業和子女，這些都可能成為再婚的成因。

四　父母學

　　此外，婚姻家庭中還有一個重要問題就是親子關係的處理，如何當好父母？去年，美國《時代》雜誌曾以〈像個古怪科學家的父親〉為題，報導紐約大學社會系教授Dalton Conley新書《父母學：賄賂、行為和教養子女的科學》。書中採用一個名詞：「父母學」，指出當代的親職教育，應該形成一門學問，讓所有即將為人父母者，有機會學習扮演親職角色。

　　過去父母的角色學習，多半是隨著兒女的出生、長達數十寒暑所累積下來的「做中學」經驗，很少有人會因為「晉升父母」，而需要「職前與在職進修」。時至今日，面對社會環境日益複雜，科技發明益發先進，工作挑戰日益嚴峻，親子關係在「質」與「量」上，也面臨前所未有的改變與挑戰。許多父母心中都存在一個疑問：「在父母難為中，如何善為父母？」

　　隨著臺灣人口不婚比例攀升，加上「頂客族」盛行，很多人早已放棄為人父母的機會。然而暫且拋開傳宗接代的傳統觀念，為人父母其實是人生中一個非常特殊的經驗，許多人因為這一角色，而學會生命中的深層涵義。

　　例如：當鄭捷父母因兒子犯錯下跪，祈求社會饒恕時，做家

長的能夠同理鄭捷父母的茫然、無奈與悲痛；當八仙塵爆的汪姓父親，因兒子全身20％燒傷，而選擇上吊輕生，同為父母的雖不表贊同，然而卻可體諒這個父親的悲痛。

當看到敘利亞年僅三歲的男童俯臥海灘身亡，全球父母之所以悲從中來，是因為普天下的父母，在含辛茹苦撫養兒女中，都願意甘冒個人生命危險，替兒女尋求安全庇護。

相對於上述的災害與戰火，在面對承平世界中的網路世代，父母又遭遇另一種挑戰，例如：看到自己辛苦養大成人的兒女，竟沉溺在網路虛擬世界中，這種無力喚醒孩子的悲哀，正啃食著普天下父母的心。在如此多元的社會挑戰下，父母學的建立實有必要，藉此可以綜合當代養兒育女的變動法則。畢竟從生物學的角度來看，幾乎所有物種，都是為了繁衍下一代而忙碌。

例如生在北極格陵蘭半突蟲，每年只能利用短暫的夏季陽光，努力攝取養分，當陽光褪去，又變成一根小冰柱。就這樣年復一年，長達十四年成熟後，迅速繁衍下一代，不久生命即告罄。

而自稱萬物之靈的人類有許多選擇，可以免除擔任父母的角色，但也因此錯失一個可以深刻體驗人生的機會。

畢竟在人生各種角色裡，「為人父母」是一個終身需隨著兒女成長，而不斷變化的歷程。這一角色既是充滿喜樂參半的甜蜜負擔，也是個人體驗生命蛻變與學習無私付出的絕佳機會（周祝瑛，2016；2015）。

案例解析與簡答

翻轉性別教育

五　婆媳關係

　　本章案例五涉及婚姻家庭中的婆媳關係。相對於女婿和岳父母，為何婆媳關係從古至今都會顯得好像更加突出與重要？一方面很大原因是傳統家庭大部分都「以夫為貴」，女性嫁出去後就等於潑出去的水。女子嫁到夫家後，夫家人一般認為媳婦娶進來是為了傳宗接代，服侍丈夫，在這種嫁雞隨雞、嫁狗隨狗的宿命當中，女性嫁出去後身處婆家，難免要接受婆婆的指揮與教導。再加上成長背景和教養方式不同，一個廚房容不下兩個女人，婆媳難免又會在生活的細節中起衝突，生事端。到了如今，拜社會進展，三代同堂的情況越來越少，大部分以小家庭為主，婆媳關係也比較不像過去那麼緊張。但從另一個角度看，又出現隔代教養問題，很多小夫妻因為工作繁忙要請祖父輩或外公外婆照顧孩子，孫輩的問題成為婆媳之間新的一個爭端點。在這一方面問題上，西方國家則沒有很突出，他們的家庭規範上是要求每一代要承擔起照顧下一代的責任，因此很少出現祖父母全時照顧孫子輩的情況，而且成年後的孩子都得離開家裡，自力更生。

六　代溝（generation gap）

　　還有出現的代溝問題，代溝一詞主要是指代與代之間在行為、態度、觀念上所表現的差距。由於過去科技的發展主要以三十年為期一更新，代溝也基本以三十年為一代，隨著現代

社會進步，每五年甚至兩三年就出現科技的更新，如iphone和電腦軟體版本改變迅速，因此在不同世代之間的價值、思維模式，還有娛樂、教育方式、人際關係都在翻天覆地地變化著。

　　代溝的產生其實是一個非常自然的問題，重要的是代與代之間如何互相傾聽、理解，而不是謾罵或對抗。青少年時期，由於成長正處於追求自我認同，獨立自主的階段，故這個時期代溝就特別明顯。父母們在面對代溝時，應當做好一定的心理準備和態度應對。例如應當以不同的人會有不同的價值信念，孩子的想法和自己不同是正常的情況為前提，再進一步嘗試了解孩子為什麼會有這樣的想法？多以朋友的身分和孩子溝通，而不是直接否認，或強迫孩子要遵照自己的想法。而做為子女，在與父母觀念衝突時，也應當嘗試站在父母立場上考慮一下，畢竟父母成長的背景和所處的時代和自己有二、三十年的差距，他們並非是傳統保守不識新潮，只是時代有時候發展太迅速，不小心把他們落下了，還請你帶帶他們。

七　世代差異

　　臺北市長柯文哲市長剛上任不久，無意間被太太在臉書上爆料，蘇迪勒颱風整天待在家中，在網路上引發許多爭議。筆者針對此事，與家中十八歲的姪女討論，對方不假思考地回答：「不然颱風天待在外面幹嘛？可以用LINE指揮就好了呀！」這段平常的兩代對話，令人深感「世代差異」對於個人的價值判斷，已經超乎想像！

案例解析與簡答

翻轉性別教育

在網路盛行的時代，不同世代的差異，正以前所未有的速度在加速中。如同王童導演的《風中家族》，劇中描繪的雖是臺灣這塊土地跨越六十年的記憶，對於經歷撤退來臺的外省一代或二代成員，曾經在二次大戰顛沛流離或跑空襲警報的人們來說，影片中的滄桑鏡頭，很容易引起共鳴，包括：影片中操著各省口音的叔伯大嬸，上課說著濃厚鄉音的國文老師，學生惹禍遭集體體罰又不敢告訴父母的各式畫面，還有當時校園常見的「活活潑潑的好學生，堂堂正正的中國人」標語，其實正是國內四、五、六年級的共同鮮明記憶。相反地，在七、八、九年級年輕世代的眼中，上述畫面遠不及柯P颱風天在家吃飯來得有趣；在性自主的時代，高中課綱中關於臺韓老一輩遭受「慰安婦」屈辱，也有人認為「可能是因待遇較好，而自願加入」種種有違事實的思維。

換言之，臺灣目前面臨的世代差異，追根究底在於兩代之間缺乏擁有「共同的歷史記憶」，即使有，也缺少兩代的溝通與辯論！年輕世代不曾親臨其境，他們沒有經歷過戰亂的滿目瘡痍、沒有感受過家破人亡的錐心之痛，因此自然不懂「日據」跟「日治」究竟有何不同？尤其對日本的記憶大多來自電視劇中的俊男美女、廣告中的演藝歌星！但對經歷過南京大屠殺及日本殖民統治時期的長一輩來說，卻親眼目睹如同《風中家族》片中日軍在戰爭中的殘暴與血腥，家人與朋友可能曾在收租過程被拉伕充軍，上學途中被抓去當慰安婦，從此一去不返的命運。

因此，歷史的記憶需要透過各種方式傳承，讓下一代體會與

理解。不同世代對於社會角色的定位與認知，雖存有很大的差異，但兩代之間如何用對方可以「聽得懂」的語言來溝通，實是相當重要的課題。

八 憂 鬱 症 （depression）

又稱「主要情緒抑鬱失調」（major depressive disorder），包含悲傷、憂慮、愁煩、消沉等多種面情緒的綜合心理狀態。其起因可能是大腦中化學物質的不平衡，與分泌的改變所引起。根據心理學家的研究，一般人口中，約有四分之一的女性、與一成的男性，曾有過憂鬱症的困擾（https://smallcollation.blog-spot.tw/2013/06/depression.html#gsc.tab=0）。憂鬱症患者有時會覺得像世界末日般痛苦，也會出現輕生的念頭。網路上有許多憂鬱症狀的測試問題，可以去了解，但最重要的是尋求心理醫生的協助，尤其需定期服藥與就診，以即早控制病情。

九 長 期 照 護（長 照）

主要是針對個人因身體活動功能或認知能力受損，所導致的慢性失能狀況，讓個人無法獨立處理日常生活事務，而必須依賴他人協助生活。這類人士應在一段長時間內，向居住社區或機構，申請醫療與生活照護等支持協助，以增進及維持失能者的生活機能（https://www.google.com.tw/search?q=%E9%95%B7%E6%9C%9F%E7%85%A7%E8%AD%B7%E5%AE%9A%E7%BE%A9&oq=

案例解析與簡答

%E9%95%B7%E6%9C%9F%E7%85%A7%E8%AD%B7&aqs=chrome.3.
69i57j69i59j0l4.2371j0j7&sourceid=chrome&ie=UTF-8）。

參 考 影 片

1 金浩俊（導演）（2004）。**幼齒老婆Oh My God**。韓國。

2 王穎（導演）（1993）。**喜福會**（英語：*The Joy Luck Club*）。美國。

3 李牧鴿（導演）（2015）。**婚姻時差【電視劇】**。中國大陸：中國電影股份有限公司、北京華錄百納影視股份有限公司。

4 徐錫彪、卓芬萍（監製）、王珮華、王仁里（導演）（2012）。**犀利人妻最終回：幸福男‧不難**。臺灣：日舞國際娛樂股份有限公司等。

5 勞勃‧懷斯（監製、導演）（1965）。**真善美**（英語：*The Sound of Music*）。美國。

參 考 資 料

王振寰（2009）。社會學與臺灣社會。臺北：巨流。

王雅各（1999）。性屬關係，性別與社會、建構（上）。臺北：心理出版社。

王雅各（1999）。性屬關係，性別與社會、建構（下）。臺北：心理出版社。

主計總處（2017）。106年4月底工業及服務業受僱員工報告。取自https://www.dgbas.gov.tw/ct.asp?xItem=41451&ctNode=5624

印度時報（2012）。2012年世界儿童状况报告。

林如萍（2008）。姻緣天註定？！大學生的關係信念對婚姻教育態度之影響。中華家政期刊，43，43-59。取自http://rportal.lib.ntnu.edu.tw/bitstream/77345300/41568/1/ntnulib_tp_A0309_01_009.pdf

周玗霈（2004）。非常報導之一再婚。網路社會學通訊期刊，42。取自http://society.nhu.edu.tw/e-j/42/42-39.htm

周祝瑛（2009）。公民教育中的性別議題。研習資訊，26（1）。

周祝瑛（2015）。父母學另一章。師友月刊。

周祝瑛（2015）。善為父母，多修父母學。人間福報。

現代婦女基金會（2017）。【新聞稿】現代婦女基金會：7成大學生約會性侵案發生在暑假。取自https://www.38.org.tw/news_detail.asp?mem_auto=258&p_kind=%E7%8F%BE%E4%25B-B%A3%E6%B6%88%E6%81%AF&p_kind2=%E5%AA%92%E9%AB%94%E5%A0%B1%E5%B0%8E&p_kind3=%E7%84%A1

統計處（2016）。105年第23週內政統計通報（我國離婚對數變動狀況分析（按發生日期））。取自https://www.moi.gov.tw/stat/news_content.aspx?sn=10664

陸偉明（2016）。**性別教育與生活**。臺北：雙葉書廊。

楊茹憶（1999）。**職場中的性別歧視與性騷擾**。第四屆婦女國是會議論文集。

廖玉琴（2003）。對同性戀者的謬誤印象。**網路社會學通訊期刊**，28（1），南華大學。

藍采風（1996）。**婚姻與家庭**。臺北：幼獅文化。

鍾麗華、林良昇（2016）。同性婚姻民調：贊成者46.3％、反對者45.4％。自由時報，取自http://news.ltn.com.tw/news/life/paper/1056721

Huggins, Sharon (1989). A Comparative Study of Self-Esteem of Adolescent Children of Divorced Lesbian Mothers and Divorced Heterosexual Mothers, Journal of Homosexuality, 18:1-2, 123-135.

附　　錄

▶ 模 擬 約 會

一、「模擬約會」緣起

　　有鑑於時下年輕世代宅男、宅女，缺乏體驗的人生，體驗教育更形必要。透過「模擬約會」作業，讓平常習慣線上交談的大學生，可以暫時離開電腦、手機和各種社群網站，真正面對活生生的異性，學習真實的互動、交談，甚至出遊。

　　有趣的是，北京市教委曾公布一份大學教學大綱，要求各大學院校在大學生的心理健康課程中針對大學生的感情問題提出相關教學，希望藉此指導學生如何談戀愛，不過公布一出卻遭到學生反對，認為「大學生的戀愛是教不出來的，而是需要個人去體驗與感受」！這段新聞讓筆者想起曾經與交大某通識課合辦的「政在交往、花博模擬約會」活動，以及某同學對我所說的一段話：「老師，我都已經大四了，還是第一次為了要參加模擬約會，既緊張又興奮得徹夜難眠……我很高興有這樣的機會，讓我這個宅女跨出第一步，能夠第一次與異性面對面出去約會……」而這樣的年輕人似乎不在少數。

　　這些年來，透過「性別教育你我他」通識課程，鼓勵同學把握大學時代，學習與異性相處，了解他人的想法，勇敢走出去與同學談戀愛，從中找尋生命中的夥伴與伴侶。於是我們上課的第一份作業出現了「明天起床後，發現自己變成異性，如何面對往後的人生？」類似的震撼教育；上課過程中，透過許多男女分組討論，近距離分享不同性別與性向的看法；但當問到「從小到大有遇過在公車上被性騷擾、或被

言語性霸凌」的問題時，我看到了男女同學經驗之間的巨大差別，於是透過機會教育，我嘗試從中激起同學對不同性別尊重他者的同理心。至於當我們談到十多年前屏東那位害怕上廁所被欺負的國中生葉永誌，卻仍在廁所意外身亡的案件時，有同學因為曾經處於相同處境而不禁流下淚來；許多法律系的同學也開始針對所謂恐龍法官的判決，提出具有性別敏感度的說法與自我期許。當然課程中最具挑戰性與精彩高潮是參加花博的「模擬約會」活動及心得報告。為此，政大與交大的學生必須在活動開始前兩個月上兩班的特定網頁自我介紹，徵求約會對象，其中需要運用的創意自我宣傳，讓同學絞盡腦汁，而過程中有些人遭遇無人點選及被人拒絕後必須再接再厲，充滿了酸甜苦辣，也培養出同學的挫折容忍力與解決問題的能力；兩校幹部也為此活動南北開了幾次會前會，商討整個行程、訓練他們的溝通與領導能力。

從這整件活動，筆者才發現：現在的大學生其實在網路上驍勇善戰、口若懸河，然而一到真實世界卻往往因不知如何與人相處而顯得退縮不前，尤其在面對異性時更受到許多似是而非的觀念影響，不知如何與之相處。這樣的情形其實與日劇《電車男》所描繪的情形相距不遠，我國大學生中有不少人其實是需要透過相關性別課程提供協助與推一把，才能走出去面對真實情境中的男女關係而進行社交活動。誠如我那位大四學生所說的，沒有類似課程的練習與體驗，就不知要如何跨出網路世界去認識異性朋友，真正面對具有喜怒哀樂的「實體人」！

二、「政」在「交」往花博團

　　在政大，有一群修習「性別教育你我他」課程的同學；在交大，有一群選修「習慣領域（HD）」（Habitual Domains）課程的同學，他們企盼透過跨校模擬約會來學習男女正確而健康的約會態度與技巧，以增強在兩性關係互動中的信心與能力。為了趕搭花博的列車，當時有二十對男女同學（報名人數陸續增加），預計於12月4日（週六）揪團組成「政在交往花博團」，前往臺北花博各展館，一面體驗花博美麗的力量，一面進行模擬約會「做中學」的創新教學活動。

　　「政在交往花博團」團長交大明正同學已親自場勘完畢，擬於當日一早即趕往夢想館領預約票，進行團體共同宣言並做團康活動後，即施行兩人一對的個別活動，晚上建議到大佳碼頭搭遊艇夜遊花博。

　　副團長政大婉婷同學將主持別樹一格的相見歡及交換小禮品活動，這些活動中將展現溫馨、有趣且有意義的性別教育意旨。

　　政大「性別教育」課程教授認為：在校園內，正是學習兩性關係的最好場所，模擬約會教學活動讓同學們走出「網癮」，走向真實的人際互動。因此，特別補助部分門票費，每位同學只需出100元，以資鼓勵。

　　交大「習慣領域」課程的教授表示：希望能夠透過這樣的模擬約會，幫助學生擴大、創新、甚至於突破自己的HD，也能讓校園變得青春洋溢、活力四射。

此次花博團共同宣言為：「人美、景美、花博美，不扔、不拔、愛臺北」，表達大學青年們對環境保護及公德心的自我要求與共同呼籲。

「政」在「交」往花博團（共同宣言）

人美　景美　花博美　不扔　不拔　愛臺北

人美　　：有緣兒呀你真美，
景美　　：花兒草兒都很美，
花博美：美麗花博在臺北，
不扔　　：不扔垃圾，
不拔　　：不拔花草，
愛臺北：愛護公物，乖乖排隊，同為臺灣好公民。

咱們，橫抄約会去！

政大同學　交大同學

三、「模擬約會」佳作分享

楔子

我是貓咪，
應用數學系四年級的死大學生一枚。
新的一學期，必修太多，
應用數學系基本上是出了名的大當鋪，
總得給自己找一點有趣又會過的課來調劑一下生活，
不然只修必修，對於我這個成績頗爛的學生來說，
被二一是指日可待的事。

有一門「性別教育」，
我在大一的時候修過，
不過改了課名，
所以在選課的時候不會重複加選，
加上感情很好的屁孩學弟也修了，
課程又蠻有趣的，我就義不容辭地陪他修一下了。

這堂有趣的課，最出名的，
是要交一份「模擬約會」的期中報告，
我開始猶豫說模擬約會到底要約誰，
畢竟突然要找個不熟的人來約會也是有點難度的。

這時，突然機會送上門了。

由於一直以來，我都秉持著促進兩岸友好交流的心態，
每學期都固定會接待一些大陸學生，
也借此推展自己海外的人際關係，
這學期自然也不例外，
在還沒有開學前，
前一學期的陸生已經把下學期要來的學弟（萬里）託孤給我了，
我在他到達臺灣的那天，便給他接風。
後來很自然地，他玩在一起的大陸交換生，
也逐漸進入到了我的交際圈裡面。

我跟萬里約好了第二次見面，
而他說要帶他的朋友一起來介紹我認識，
（據他表示，是我要求他帶的），
接著便把我們一群人給拉到了同一個微信[1]群組裡面。

要見面的前一個晚上我們才開始喬行程，
經過很沒有效率地討論了一晚上，
最後結論是要陪他們到松菸誠品逛一逛，
而與其中一個大陸軟妹子[2]—— 雅，[3]

---

[1] 大陸盛行的手機通訊軟體，類似LINE。
[2] 大陸用語，形容特別單純的女孩。
[3] 這次模擬約會的對象。

開始了以下的對話：

雅：「欸，貓咪，咱搭公交[4]要怎麼過去啊？」

我：「不知道欸，你們自己想法子查一下唄，我一般都騎著車到處跑，基本不坐公交的。你們好可憐啊，只能依賴不方便的公交。」

雅：「萬里坐過沒啊？」

我：「他第一天來就坐了機車去吃消夜了。」

雅：「哪天學弟載我，讓我感受一下臺灣機車男的拉風！」

我腦中立刻閃過，啊哈，機會來了，趕快把握！

我：「不然我跟學姐打個商量，我這學期有一堂課，要做一場模擬約會當作期中報告（說大白話就是要約個妹子出去玩耍，然後寫個企劃當報告交出去），學姐你出人，我出車，咱倆規劃個行程騎車出去玩一天，好不？」

雅：「好神奇的課，好啊！」

就這樣，我的模擬約會對象出爐了！！！
在我們還沒見第一次面，
就約好了第二次見面的約會。

---

[4] 大陸用語，意即臺灣的公車。

第一次的相遇

今天，是在除了看過一張照片，
以及一晚上的對話之外，
還基本是陌生人的兩個人見面的日子，
心裡格外的忐忑，亂七八糟地想著，
會不會那張照片是照騙？
會不會她是個很難搞的人？
會不會她不喜歡我這種痞痞的男生？

我跟萬里，在捷運國父紀念館站的出口等著雅和許諾來。
不安
不安
不安
更多不安。
小小一隻的雅，跟高瘦憨厚的許諾，
從手扶梯緩緩升起。
我永遠都不會忘記，我們見面的瞬間，
穿著白色蕾絲A字裙，配上藍底圓點襯衫，
腳踩娃娃鞋，梳理整齊的頭髮，
在左側順著臉頰，編著一條細細的辮子，
臉上掛著淺淺的笑容，
一蹦一跳地向我走來，
衝著我甜甜地叫了聲：「大喵咪！」

我這個人一直都是相信感覺的，

而此刻，所有的不安疑慮，一掃而空。

我想，噢！不！我知道我們會相處愉快的。

我們四個人，緩慢地延著忠孝東路，

一路歡笑嘻鬧地走到松菸文創園區。

老菸廠，一個個展覽空間裡面亂晃，

一群窮哈哈的苦逼學生，專挑不用門票的展看。

偌大的展場，可以給我們免錢看的展其實也沒幾個，

迅速地在一個小時左右逛完。

接著，我們就轉戰到有冷氣又有氣質的松菸誠品。

他們看著誠品裡的東西，對於他們來說，

很多東西看起來都是那麼地，小確幸。

習慣了大山大水、大資本、大富麗的他們，

對於臺灣的文創產業，感覺有趣的是怎麼可以這麼地小資。

當然，到誠品，不可能只看誠品賣的東西，

更多的時間，是四個人在討論哪個男生很帥，

哪個櫃姐很漂亮……之類沒營養的話題。

我想，當一群人，相互浪費對方的時間，

但都覺得值得的時候，這群人就叫朋友了吧！

出了誠品，由於時間還早，在回程的路上，

經過了國父紀念館，就順便進去溜了一圈。

突然發現，跟海峽彼岸的朋友出門，

最大的好處是，他們會逼著你帶他們去很多，

身為在地人你應該要去過，卻偏偏沒去過的地方。

他們興沖沖地跑去圍觀整點的憲兵交接，

而我累癱地坐在一邊的長椅上休息。

雅很貼心地放棄了看閱兵，

坐來我旁邊陪我說話，

一邊討論著看晚餐要吃什麼。

我心想，完蛋了，東區好吃的都好貴啊！怎麼辦？

沒想到他們一致認為，吃什麼都好，好吃就好。

我給了他們四個選項：

1. Evans Burger 2. 鼎泰豐 3. 牛排 4. 吃到飽的義式餐廳。

他們一致認為牛排太普通，鼎泰豐大陸也吃得到，萬里之前

留美，不想吃美式漢堡，所以最後決議是吃義式餐廳。

由於不是假日的原故，餐廳人不多，

雖然說規定的用餐時間是兩個小時，

但是我們超過了許久許久，

也沒有人來趕我們離開。

聊了好多好多，對於彼此也有更進一步的認識。

也順便在吃飯的時候，大致敲定了我跟雅小旅行的行程。

基本上就是挑一些北臺灣她沒有去過並且大眾運輸不那麼方

便的地方，適當發揮了機車高機動性的優點，
不然如果公交可以容易到達的地方，何必那麼累還騎車？！
豈不宛如一對小白癡？

最後的定案是：政大（出發）→基隆廟口（吃中餐）→基隆
中正公園（海門天險）→侯硐（貓村）→濱海公路→臺北中
山區（吃晚餐）→政大。

賭一把的旅行

時間不知不覺，就到了我們約定的日子了。
在這之間，我們也吃了幾次飯，
時不時也傳訊息聊個天什麼的。

我：「欸，我有兩輛機車，一輛文青雅痞的歐洲風國產車，
一輛狂野帥氣的嬉皮車，你出去的時候要坐哪一輛？」
雅：「都好，貓咪決定好就好。」

女生什麼都依我是很可愛沒錯啦，
可是這樣我很無所適從ㄟ！！！
為了扭轉臺灣男人都很嗲很秀氣很不爺兒們的形象，
我決定還是騎我親愛的哈士奇[5]去。

---

[5] 光陽車業早期生產的國產嬉皮車，算是時代的經典之一。

為了避免出去的時候，因為車況不熟發生意外，
提前兩週把我的哈士奇抓出來。
每天過著「我有一隻哈士奇，我從來也不騎，有一天我心血
來潮騎著去上學」[6]的日子。

今天的天氣，說實在的，不是那麼適合出去玩，天空滿是烏
雲，三不五時又滴落幾滴毛毛雨，不過既然是約會，就要一
點浪漫、一點灑脫、一點不顧一切，所以我跟雅還是不管老
天爺賞不賞臉，就賭他一個不下雨，開啟了我們的小旅行。

雅坐在我後座，像孩子一般雀躍。
我怕她沒坐過機車，對於風吹過的速度感會感到害怕，所以
只放慢速度，順順地騎。
行經軍功路時，眼角從後照鏡中撇到她頭髮在風中翻飛，
心裡立刻跳出小對話窗：「這樣頭髮等一下都毛掉怎麼辦？」
速速把車停到路邊，讓她把頭髮盤好放到全罩式安全帽裡，
才繼續向前行。
讓我沒想到的是，她一路上，跟我說最多的一句話是，
「我們要到了沒啊？」「我們要到了沒啊？」「我們要到了
沒啊？」
隨著她每問一次，我就把油門多催一點，再一點，更一點，
到最後，
我看著時速表發現我在車不多以及沒有測速照相的路段上，

---

[6] 請搭配兒歌〈我有一隻小毛驢〉。

我的車速基本都維持在80KM/hr。

沿著忠孝東路，經過南港、汐止、五堵等，

最終我們到了我們的第一站——基隆廟口。

基隆廟口

我自己老家就在基隆，每年過年必定要回來住個幾天，

而我那嘴饞的爹，也三不五時帶我們一家到廟口打打牙祭，

所以基隆廟口，對我來說是一個熟到不行的地方。

先帶她到廟口進來右手邊第三攤，吃來臺灣必吃的滷肉飯，

半肥半瘦的魯肉，淋在軟Q的白米飯上，

配上幾道家常菜，

蔥花蛋、蔥爆牛肉，以及一碗熱呼呼的竹筍腿肉湯，

就是簡單樸實而美好的一餐。

接著，買了個隔壁攤有名的三明治，拎在手上；

再來繞到左手邊的一攤，吃豬腸裡面灌糯米的大腸圈，

每一根長短胖瘦都不一樣，一看就知道是正宗手工製作的。

原本，還打算帶雅去吃基隆泡泡冰始祖，

隱身於巷弄內，坐落於廟口之外的——遠東泡泡冰。[7]

沒想到，這間店居然大牌到連續假期給我沒開，

---

[7] 很多人都以為，基隆廟口夜市裡面的兩攤泡泡冰，是泡泡冰的始祖。但其實真正的始祖，是從廟口夜市後方出去之後，走路大約五分鐘左右的遠東泡泡冰。

哪有人服務業在連續假期的時候休假的啦！！！
不過雅後來跟我說，
她其實生理期快來了，也不太適合吃冰。
好吧，算了！哼！原諒這間爛店。
手上還拿著三明治，總不能這樣一直邊走邊吃，
剛好在路邊轉角處，遇見了一間小巧的咖啡廳。

這是一間連店面都談不上的店，
整間咖啡廳的店面空間基本上都被工作檯佔據，
店主人極具巧思地用原木裝潢了整個騎樓，
讓客人可以坐在那邊悠閒地享受餐點。
雖說店主人佔據騎樓好像不是太有公德心的一件事，
但只要不是太大地影響行人的權益，
這麼一點點的小惡，我還是決定先視若無睹。
畢竟香濃的咖啡香，外加我們兩個已經有點痠澀的腿，
不坐下來休息一下好像也太對不起自己了。

我自己其實沒有特別喜愛咖啡的味道，
只是特別偏愛咖啡的香味，
所以基本我都是點重調味的咖啡，
其一是可以掩蓋住咖啡本身的苦澀味（好啦！我承認我沒品
味！），
其二是就算咖啡豆不好，也會被調到喝不出來。
所以我給自己點了一杯焦糖瑪奇朵。

而雅説她喝咖啡會睡不著覺，
所以我給她點了一杯牛奶瑪奇朵，
只加了一點點咖啡，大部分都是鮮奶的飲料。

我倆就坐在這邊，啃著三明治，啜著咖啡，
消磨了半個小時，繼續上路。

中正公園

一般人，所想像的公園，不外乎就是一片平地，
上面有草皮，外加幾棵樹，幾張長椅，
外加幾個外傭推著幾個老人。
而離基隆廟口，大約五分鐘車程的中正公園，
絕對不是上述的這種公園。
中正公園，是沿著一條蜿蜒的小路騎上去，
裡面包含了好幾個古蹟、廟、學校、會館等。
路小條不説，
蜿蜒的程度基本就是騎車或開車技術太爛的人，
很可能會卡在彎上的那種。
我們屁股下的嬉皮車，一般是適合在公路上，
遠距長程在用的，操控的靈活度較低。
蜿蜒的小路正是這種車的剋星。

你們知道，

身為一個男生，騎帥氣的打檔車時，最怕的是什麼嗎？

摔車？不是。

停車不好停？不是。

保養很麻煩？不是。

是載妹子的時候，騎一騎熄火，卡在半路上，非常丟臉！！

為了避免我說的這種狀況發生，

上坡的路段，我一路打著低速檔，用龜速慢慢地爬上山。

中途停下來好幾次，都是去參觀幾間疑似很有名的廟，

但我基本是敬鬼神而遠之的人，所以我興趣缺缺。

再來到了二砂灣砲臺，正對著基隆港砲臺，

不難想像當初這一帶做為軍事重地的年代，

曾經靠著絕佳的地理位置，擊退了多少來襲的敵軍。

不過我跟雅兩個人一致認為，

這裡的砲臺被漆得也太嶄新了，

一點都沒有古蹟應有的陳舊時代感；

而砲口所對的正前方，被樹葉、樹枝所遮蔽，

我們還要不斷地變換位置，

才能夠從樹椏中間的隙縫看到完整的基隆港，

真是太糟糕了！

PS：值得一提的小插曲是，從二砂灣砲臺出來的時候，

碰到一對母女，帶著他們家的三隻松鼠博美[8]出來放風。

雅一看到小博美，眼睛頓時一亮，

跳跳跳地就跑過去要跟牠們玩耍，

其中一隻很傲嬌地甩頭就走，另外一隻跟著跑掉，

只有一隻人人好的任我們玩弄，一點都不怕生。

看著雅一副要把別人的小狗抱回家的樣子，

真覺得她傻得可愛。

侯硐・貓村

出了中正公園，我們往我最期待的侯硐・貓村前進，

路上我有點小迷路，稍微繞了一下，

不過還好後坐的女孩比我更路癡，

應該是完全沒有發現這件事，

我也就悄悄修正了這個錯誤，

順利到達了侯硐。

在這邊先給大家科普一下，

侯硐，是一個坐落於瑞芳的小山村，

曾經這裡出產大量的煤礦，也就是説曾經繁榮過一陣子。

後來，隨著煤礦被開採殆盡，小山村也就日漸沒落。

---

[8] 一種博美跟另外一種犬種混種，經人工培育出來的新品種。毛色較白，個性也較原種博美穩定。

有一天，這裡進駐了一隻貓咪A，
善心的人就不時餵養他，
貓咪A感覺這裡的日子過得挺愜意的，
便告知了貓咪B、貓咪C、貓咪D等眾多貓咪，
貓咪們便以家為單位，大舉移民到這個山村，
人一天一天變少，貓一天一天變多，此消彼長之下，
某一天開始，這個村子的貓口比人口還要多，
而侯硐也成了名符其實的貓村。

才剛停好車，還沒進到貓村裡，
隔著鐵道的外邊，就已經滿滿的都是貓。
碰到一個特別可怕的小女孩，摸貓摸得特別用力，
把貓弄生氣了。
接著她就到處叫別人不准摸貓咪，
說不然貓咪會生氣，真是個小神經病。
為了避開這奇怪的小女孩，
我們速速離開了是非之地，
往貓村內部前進。
沿著長長的天橋，通往貓村內部，
通道內也時不時有貓咪坐在邊上對著你傻笑，
隨時都可以停下來撓撓牠們的下巴，或彈彈牠們的小耳朵。
天橋的外觀也極具巧思地做成在某個角度看起來，
像是正回頭看的貓咪。

進入貓村，更是隨處都是貓，而且根本就不怕人，
有的睡在花盆裡，任你撥弄；
有的晃來晃去，一直對旁邊的人拋出不屑的眼神，
一臉像是說：「你們這些無知的鄉民，哼！」
更多的貓是在屋頂上、樹上奔跑嬉戲睡懶覺，
在這裡，你明顯感覺得出來，
貓咪們在這裡過得自在而有尊嚴，
貓咪們在這裡的地位也絕對不比人低。

我們兩個人，
隨意晃進一間咖啡廳，
店內養著一隻氣質高雅的大白貓，
不論走路、跳躍，或只是趴在那邊，
舉手投足散發慵懶與自適，
完全就是貓中的奧黛麗赫本，
雅要求跟牠拍照，
照片中看起來，貓比她還尊貴許多。

在這種特色如此明顯的小山村，
當然不免俗會賣一大堆跟貓咪有關的商品。
在一間小店裡，看見一副貓咪的耳環，
左右兩只長度不一樣的，下面吊著一隻小貓，
小巧可愛但不失優雅，
挺適合雅的，但不知道她有沒有耳洞？

這種款式的，改成夾式的特別難看。
正巧看雅頭髮亂了，伸手給她理一理，
趁著替她把頭髮勾到耳後的霎那，
看了一下她有沒有耳洞，
呼！還好她有，就買了給她當紀念。

回程

告別貓咪們，
告別小小的貓村，
看雅坐了一天車好像也累了，
坐在後座抓著我的衣角開始打瞌睡，
也真辛苦這孩子了，
昨天才出去玩回來，又碰到生理期，
今天還陪我這樣出來玩一整天，
我身子向後挪了挪，讓她可以把頭靠到我肩上，
至少這樣她睡得舒服些，
我也不用擔心她掉下去。

PS：她把頭放在我的肩膀上，我才發現事情不妙，
因為她是真的睡著了，不是只是靠著休息，
所以她一顆頭加一頂全罩式安全帽的重量，
加起來應該有五公斤吧，就直接壓在我右肩上，

而我右手還要控制油門跟把手，
不到十分鐘，我整條手臂基本已經沒有知覺了，
但我依然不動，也不忍叫醒她，
雖然不妙，但我不後悔。

在往濱海公路的路上，
幾乎沒有車，
陪伴我們的就剩下呼呼的海風，
以及機車連續而沉穩的引擎聲。
到了濱海公路，正好是日落時分，
動了動肩膀，把雅叫醒，
不想讓她錯過這畫面，
火紅的夕陽在遠遠的海平面落下，
厚重的雲，邊緣彷彿鑲了金邊，
火燒般的燦爛。
其實我們回臺北不需要經過這一段，
但出發前我就預計我們回來的時間應該正好是傍晚，
不走這條最美的沿海公路，就枉費走了這一遭。

燈火闌珊的中山區

回到臺北，
由於中餐吃太飽，

我們到了中山區吃有名的雙連Q仔湯，[9]
點了花生湯圓跟低溫油炸的燒麻糬，
暖暖的熱湯跟軟Q的麻糬下肚，
再啜飲一杯附的熱茶，
似乎一天的疲憊也得到了緩解。
兩個人開始聊起中山區附近有什麼有趣的。

我想只要是臺北人，
對於中山區是臺北的高級風化區這件事，
應該一點都不陌生，
雅對這件事特別感興趣，
而我又很難跟她解釋，
想說就讓她實地去看看好了，
於是我騎著車載她到最有名的五木路（林森北路），
放慢速度慢慢地滑。

在餐廳裡，我跟她說的她不大相信，
而在路上她看到許多年輕性感漂亮的女孩子，
氣質就是跟一般的女生不一樣，
多了那麼一點的撫媚，
多了那麼一點的豔麗，

---

[9] 中山區一間很有名的甜品店。環境整潔乾淨，是很多日本客來臺必吃的甜點。

多了那麼一點的欲拒還迎，

更多了那麼一點的風塵味。

就是那種說不出的感覺，

偏偏卻又那麼明顯。

而坐落在一邊，矗立著的天下第一關——中山一分局，

似乎也跟這一帶的生態取得一種平衡，

明明那麼明顯，

明明那麼靠近，

但就是不去管、不想管，或是不能管。

看起來似乎有點諷刺，更帶一點悲哀。

我們這一天的小旅行，

就在我帶她看完臺北最絢爛而黑暗的一面，

送她回學校時，

充實而完美地畫下句點。

後記

我跟雅，並不是這次小旅行結束，

就算是交完差似地形同陌路，

小旅行的結束，

對我來說反而是一個開端。

我們幾個人三不五時還是聚在一起聊天吃飯。

而高瘦憨厚的許諾雖說是來臺交換，
卻依然孜孜不倦地學習，
久了就淡出了我們吃喝玩樂的圈子，
每天與書本為伍。

但也陸續認識了雅的室友俏俏，
一個剛認識很二，[10]
動不動就說要戳死你，
但相處久了、熟了，
就會發現是個特別溫柔水靈的女孩。
以及年紀比我小，
但學籍比我大的小師姐──錦雯，
一個漂亮有品味，有能力、強勢，
卻依然不失女人味的美妹子。

跟他們，
第一次去吃了跳舞香水，[11]
第一次去錢櫃唱歌用超級大包廂，
第一次覺得大陸優秀的人很多並非暴發戶，
他們很多也只想過平凡而簡單的小日子。
能夠認識他們，我很幸運，

---

[10] 等同於我們這邊很白癡、很白目的意思。

[11] 一間以法式蜜糖土司聞名的甜品店。

他們豐盈我的大學生活，
讓我更廣闊地認識這個世界。
希望他們也是這麼認為的。

供稿人：大貓咪

翻
轉
性
別
教
育

四、性別教育參考影片

◉ 性別相關影片

影片名稱	議　題	影片名稱	議　題
親愛的檸檬女孩	同儕認同	竊窕老爸	家庭、性別認同
自由大道milk	同志與社會	北國性騷擾	女性職場性騷擾
鴻孕當頭	未婚懷孕	孤戀花	同志、性交易
真愛旅程	墮胎	控訴	性侵害
勇敢復仇人	暴力、女性自主	時時刻刻	女性生命
美麗拳王	變性	搖滾芭比	同志、性別認同
醜聞筆記	女性情感	男孩別哭	性別認同

◉ 性別議題相關電影心得格式

（一）電影摘要
（二）影片中有哪些性別議題
（三）影片中的相關理論
（四）感想與反思
（五）參考資料

附
錄

翻轉性別教育

Flipped Gender Education
Chuing Prudence Chou

This book, titled "Flipped Gender Education" intends to explore gender issues such as gender and love, gender and physical image, gender and identity, gender and workforce, gender and internet, gender and violence, and gender and marriage. Thirty-one gender-related life stories are used as foundation for discussion examples to showcase how gender is not only personal but also political. The author adopts frameworks inspired by "problem-based learning" and "project-based learning" strategies and organizes the book into four parts, including gender theme, case story, discussion questions, and case analysis. Some activities like the mimic-dating practice as mid-term report and gender-related films and documentaries, are also attached as complimentary materials for brainstorming. The book is recommended for any general education course at high school or university.

英
文
簡
介